Wandern mit KINDERN

Elisabeth u. Erich Wappis

UNTER- UND MITTELKÄRNTEN

Vom Wörthersee bis zur Pack

Leopold Stocker Verlag
Graz – Stuttgart

Umschlagkonzeption: Atelier Geyer, Graz
Umschlagausführung: Reproteam, Graz
Die nachfolgenden Zahlen in Klammern beziehen sich auf die jeweiligen Tourennummern
Umschlagfoto: „Wassererlebnisweg Pudlach / Neuhaus“
(43) – Mag. Karl Pölz, Pudlach

Farbfotos: Kärntner Tourismus GmbH, Velden
(1, 19, 27 [exklusive „Röm. Legionär“], 31, 38)
Tourismus GmbH Ossiacher See (3)
Veldener Tourismusgesellschaft mbH (4)
Marktgemeindeamt Gurk (18)
Stadtgemeinde Friesach (20)
Burghauptmannschaft Hochosterwitz
(26, exkl. Toranlage auf Burg Hochosterwitz)
Freilichtmuseum Maria Saal (29)
Landesmuseum für Kärnten, Klagenfurt (39)
Fremdenverkehrsamt Wolfsberg (48)
Alle übrigen Photos stammen von den beiden Autoren.

Für die Leihgabe der Photos sei allen herzlichst gedankt.

Mag. Dr. Elisabeth Wappis ist promovierte Gewässerkundlerin (Limnologin) und unterrichtet als begeisterte Biologin am Europagymnasium in Klagenfurt / Völkermarkter Ring.
Mag. Erich Wappis arbeitet als Historiker und Museumspädagoge am Landesmuseum Kärnten in Klagenfurt.
Beide lieben ihre Heimat Kärnten und deren Geschichte und sind engagierte Wanderer.

Die Deutsche Bibliothek – CIP-Einheitsaufnahme

Wappis, Elisabeth:
Unter- und Mittelkärnten : vom Wörthersee bis zur Pack / Elisabeth
und Erich Wappis. – Graz : Stocker, 1999
(Wandern mit Kindern)
ISBN 3-7020-0801-2

Hinweis: Dieses Buch wurde auf chlorfrei gebleichtem, unter den Richtlinien von ISO 9001 hergestelltem Papier gedruckt. Die zum Schutz vor Verschmutzung verwendete Einschweißfolie ist aus Polyethylen chlor- und schwefelfrei hergestellt. Diese umweltfreundliche Folie verhält sich grundwasserneutral, verbrennt in Müllverbrennungsanlagen völlig ungiftig und ist voll recyclingfähig.

ISBN 3-7020-0801-2

Printed in Austria
Gesamtherstellung: Druckerei Theiss GmbH, A-9400 Wolfsberg

INHALT

	Vorwort	7
1.	**Grundsätzliches zum Wandern mit Kindern**	8
2.	**Ausrüstung**	12
3.	**Zum Gebrauch dieses Führers**	15
4.	**Erklärung der Abkürzungen und Zeichen**	17
5.	**Auflistung der Touren nach verschiedenen Kriterien**	18
	50 Tourenvorschläge	
1	**Falkert** Vom See zu „Heidi“ und dem „Ziegenpeter“	20
2	**Flattnitz** Rund um den Bockbühel	24
3	**Ossiacher Tauern** Hoch über dem Ossiacher See, wo sich Fuchs und Hase gute Nacht sagen	26
4	**Sternberg** Auf der Römerstraße zur Ruine Hohenwart	28
5	**Forstsee bei Velden** Durch die Römerschlucht zum Waldsee	30
6	**Wildpark Rosegg** Zu Hängebauchschweinen und Flamingos	32
7	**Das Gräberfeld von Frög** Hügelgräber der Hallstattzeit	34
8	**Kanzianiberg** Klettergarten bei Finkenstein	36
9	**Bodental – Märchenwiese** Ein Ausflug in die schönste Landschaft Unterkärntens	40
10	**Tscheppaschlucht** Wilde Schlucht mit Leitern und Steigen	42
11	**Plöschenberg** Aussichtsberg zwischen Seental und Rosental	44
12	**Zauberwald Rauschelesee** Märchenwelt im Wald	46

13 **Pyramidenkogel**
Zum schönsten Aussichtsberg Mittel- und Unterkärntens 48

14 **Spintikteiche**
Wo Schwingrasen und Sonnentau wachsen 52

15 **Drasing und Hornstein**
Zwei Schlösser, versteckt im Wald 54

16 **Haidensee**
Toteislandschaft und Ruine im Glantal 56

17 **Wunderriegel**
Von der Wegscheide bis zum Schneebauer 58

18 **Gurk**
Zum Dom der hl. Hemma 60

19 **Grades**
Zur Wehrkirche gegen die Türken 64

20 **Friesach**
Wanderung durch eine mittelalterliche Stadt 66

21 **Knappenberg**
Wo schon die Kelten Erz abbauten 68

22 **Ruinen Hornburg**
Ruinen im ehemaligen Bergbaugebiet 70

23 **Schloß Frauenstein, Kraiger Schlösser**
Ausflug zu einem Dornröschenschloß 72

24 **Lorenziberg**
Endstation des Vier-Berge-Laufes 76

25 **Ruine Taggenbrunn**
Wo einst die stolzen Ritter hausten 78

26 **Burg Hochosterwitz**
Zur schönsten Burg Kärntens 80

27 **Magdalensberg**
Ein Ausflug in die Geschichte Kärntens 84

28 **Christofberg**
Über alte Römerwege zum Gipfel 86

29 **Freilichtmuseum Maria Saal**
So lebten einst die Bauern in Kärnten 88

30 **Ulrichsberg**
Der „Mons Carantanus“, einer der vier heiligen Berge Kärntens 92

31 **Maria Saaler Berg**
Ein „Hausberg“ der Klagenfurter 94

32 **Falkenberg**
Naturpark fast mitten in der Stadt Klagenfurt 96

33 **Maria Rain**
Zum Aussichtspunkt hoch über der Drau 98

34 **Hainschwanderweg**
Romantische Wanderung entlang des Wildbaches 100

35 **Eisloch in der Matzen**
Eis auch im Hochsommer! 104

36 **Wildensteiner Wasserfall**
Höchster freifallender Wasserfall Europas 106

37 **Trögerner Klamm (Naturschutzgebiet)**
Wild zerklüftete Felsformationen aus Kalk 108

38 **Obir-Tropfsteinhöhlen**
Eine bizarre Welt im Berg – Wanderung unter Tag 110

39 **Gracarca bei Unterburg**
Prähistorische Siedlungsreste 112

40 **Hemmaberg – Globasnitz**
Zurück in die römische und frühchristliche Geschichte Kärntens 116

41 **Petzenkönig**
Im Reiche der Petzenbären 118

42 **Rinkenberg**
Wanderung im zweisprachigen Gebiet Kärntens 120

43 **Wassererlebnisweg Pudlach**
Genußwanderung am Bach entlang 122

44 **Geologischer Lehrpfad Nussberg – Kasparstein**
Eine Wanderung durch die Erdgeschichte 124

45 **Ruine Rabenstein**
Vom Stift St. Paul zur romantischen Ruine Rabenstein 126

46 **Griffen**
Zur Höhle der Steinzeitjäger 128

47 **Zauberkogel bei Diex**
Wo Hexen und Feen tanzen 130

48 **Kleiner Sauofen**
Wo die Bäume Bärte tragen.. 132

49 **Saualpe – Gertrusk**
Den Bach entlang bis zur Quelle 134

50 **Koralpe**
Zu den „Zauberkugeln" der Radarstation....................... 137

VORWORT

Reizüberflutung, Hektik, Stress und Lärm – diese Umweltfaktoren prägen nicht nur den Alltag der Erwachsenen, sondern auch schon – leider! – den unserer Kinder. Hier hilft nur eines: hinaus in die freie Natur, wo man sich so richtig austollen, aber auch in aller Ruhe landschaftliche und heimatkundliche Besonderheiten sowie die Pflanzen- und Tierwelt unserer Heimat erkunden kann! Viele Erwachsene schätzen den hohen Erholungswert des Wanderns. Wie stellt man es nun an, Wanderungen auch für Kinder möglichst abwechslungsreich und interessant zu gestalten?
Wir stellen Ihnen in unserem Wanderführer für den Raum Mittel- und Unterkärnten fünfzig Wandervorschläge vor, welche für Familien mit Kindern zwischen 1 und 10 Jahren geeignet sind (aber auch für alle, die sich körperlich nicht übermäßig anstrengen können oder wollen). Die Wanderungen sind bewußt kurz gehalten, um die Leistungsfähigkeit der Kinder nicht zu überfordern und genügend Zeit für Erkundungen, Spielen, Klettern und Umhertollen bei den natürlichen „Erlebnisspielplätzen" zu lassen. Jede Wanderung enthält eine Besonderheit: einmal sind es geheimnisvolle Ruinen oder romantische Burgen und Teiche, ein andermal tosende Wasserfälle, Klammen oder Kletterfelsen. Wir haben auch versucht, möglichst viele geschichtlich und heimatkundlich wichtige Zielpunkte in die Wanderungen einzubauen und – soweit vorhanden – die Erreichbarkeit mit öffentlichen Verkehrsmitteln angegeben.
Bei allen Wanderern, die uns unterwegs begegneten, bedanken wir uns für wertvolle Tips und Hinweise. Abschließend wünschen wir Ihnen und Ihrer Familie viel Freude beim gemeinsamen Erkunden unserer Heimat auf „Schusters Rappen!"

Klagenfurt, Frühjahr 1999 — *Elisabeth und Erich Wappis*

Unseren lieben Kindern Edda, Erich, Klemens, Gerfried, Valentina und ihrer Oma Franziska gewidmet.

1. GRUNDSÄTZLICHES ZUM WANDERN MIT KINDERN

Was hat Sie als Kind begeistert?

Versetzen Sie sich doch in Ihre eigene Kindheit zurück! Sicherlich hat Sie nicht interessiert, wieviele Kilometer Sie in kürzester Zeit zurücklegen oder wie Sie Ihre Kondition verbessern können. Es sind vielmehr die Kleinigkeiten am Wegrand, die die Aufmerksamkeit von Kindern fesseln: schöne Steine, die Spuren eines Blitzes am Baumstamm, Felsblöcke zum Erklettern, ein Bach, in den man unbedingt hineinwaten muß. Setzen Sie Ihr Kind nicht unter unnötigen Leistungsdruck, lassen Sie ihm Zeit für eigene Entdeckungen nach dem Motto: der Weg ist das Ziel!

Wie wird die Wanderung abwechslungsreich?

Vermeiden Sie Wanderungen auf eintönigen Forststraßen, die zwar leicht zu gehen sind, aber ganz sicher zu Langeweile führen. Wege, die durch Wald und Wiesen, einmal breit und einmal schmal, über steinige Abschnitte, bergauf und bergab führen, beanspruchen ständig die Aufmerksamkeit Ihres Kindes. Alle Kinder lieben das Geheimnisvolle: sollte doch einmal eine längere Wegstrecke nicht so interessant sein, können Sie Ihr Kind durch ein Märchen oder eine Sage, die sich in dem Bereich des Wanderweges begeben hat, leicht ablenken und zum Weitergehen motivieren! Kärnten ist ein Land der Sagen, es gibt kaum einen Ort, der nicht Schauplatz einer geheimnisvollen Begebenheit war (eine Fundgrube sind die Sagen aus Kärnten, 2 Bände, von Georg Graber, oder das Kärntner Sagenbuch von Matthias Maierbrugger). Vergessen Sie auch nicht, einen Feldstecher mitzunehmen! Interessiert sich Ihr Kind besonders für Tiere und Pflanzen, ist die Mitnahme eines Bestimmungsbuches sehr zu empfehlen. Noch etwas: Nehmen Sie Freunde und Bekannte zu Ihrer Wanderung mit! Je größer die Gruppe ist, desto lustiger wird es!

Besonders wichtig: die Pausen!

Teilen Sie die Wanderungen in Etappen ein, welche die Kinder ohne Überanstrengung erreichen können, und lassen Sie ihnen genügend Zeit zur Erholung! Fast jedes müde, quengelnde und schlecht gelaunte Kind läßt sich nach einer erholsamen Pause gerne wieder zum Weitergehen motivieren. Nehmen Sie ausreichend Proviant und, noch wichtiger, Getränke mit, denn – wie ein altes Sprichwort sagt – Essen und Trinken hält Leib und Seele zusammen! Während der Rast kann man auch Ballspielen, Zielschießen mit Fichtenzapfen veranstalten, Bastelmaterial für daheim sammeln, auf einen Hochsitz klettern (bitte Vorsicht!) oder Himbeeren und Brombeeren verkosten. Sie werden erstaunt sein, wie schnell Kinder ihre Energien zurückgewinnen.

Mögliche Gefahren

Weit überschätzt wird die Gefahr, auf einer Wanderung einer Schlange zu begegnen. Diese Tiere sind sehr scheu: sie spüren die Erschütterung des Bodens, wenn sich ein Wanderer nähert, und flüchten sofort in ein Versteck. Sollten wir aber doch einmal einer Schlange begegnen, darf man sich nicht heftig bewegen (Schlangen sehen sehr schlecht und reagieren nur auf Bewegungen), es sollte derjenige, der am weitesten entfernt ist, ein paarmal kräftig auf den Boden stampfen, um das Tier zu verscheuchen. Größer ist die Gefahr, die von giftigen Früchten und Samen ausgeht! Schärfen Sie Ihrem Kind ein, ja nichts in den Mund zu stecken, was Sie nicht vorher begutachtet haben. Besonders giftig sind die glänzenden Beeren der Tollkirsche oder die leuchtend roten Früchte des Pfaffenhütchens.
Noch ein wichtiger Punkt: Sie und Ihre Kinder sollten auf jeden Fall eine Zeckenschutzimpfung haben. In Seehöhen unter 1000 m sind diese lästigen Plagegeister in Kärnten sehr häufig, und wenn Sie nicht geimpft sind, verwenden Sie eine Lotion oder Creme, die diese Parasiten abhält.
Für den Fall, daß kleinere Verletzungen passieren, nehmen Sie eine Apotheke mit!
Um eine Wanderung zu einem erholsamen Erlebnis werden zu lassen, muß sie sorgfältig geplant und durchgeführt werden. Wir haben einige Punkte aufgelistet, die zum erfolgreichen Gelingen einer Tour beitragen.

Vor der Tour

- Muten Sie weder sich noch den Kindern zuviel zu, und planen Sie nur eine Tour, der Sie sicher gewachsen sind!

- Wählen Sie das Ziel gemeinsam mit den Kindern aus und wecken Sie ihr Interesse durch Erzählungen.
- Schrauben Sie die Erwartungen nicht zu hoch, damit die Kinder dann nicht enttäuscht sind!
- Besprechen Sie Weglänge, Schwierigkeitsgrad und Dauer anhand von Kartenmaterial und Prospekten.
- Ausrüstung und Verpflegung müssen dem Tourenziel angepaßt sein.

Während der Tour

- Zwingen Sie Ihr Kind nicht zum gleichmäßigen Gehen, sondern lassen Sie es ruhig ein Stück vorauslaufen oder zurückbleiben, wenn etwas Interessantes zu sehen ist!
- Trauen Sie Ihren Kindern etwas zu! Wer ständig ermahnt und ängstlich auf jedes Hindernis hinweist, verunsichert nur und nimmt das Selbstvertrauen. Ist Vorsicht geboten, erklären Sie Ihrem Kind sachlich die Situation und passen entsprechend sorgfältig auf!
- Geschichten erzählen, Spiele und Rätsel (Welcher Baum ist das? Wer findet die nächste Wegmarkierung zuerst?) verkürzen langweilige Wegabschnitte und vertreiben Müdigkeit.
- Motivieren Sie mit kommenden Attraktionen wie Felsen, Spiel- und Rastplätzen, Aussichtswarten zum Weitergehen!
- Legen Sie genügend Pausen ein, lassen Sie die Kinder an interessanten Plätzen spielen und geben Sie ihnen auch zu essen und zu trinken, wenn sie danach verlangen und nicht erst bei der nächsten Rast!
- Sammeln Sie mit den Kindern Erinnerungsstücke (Steine, Schneckenhäuser, Samen, schöne Blätter im Herbst usw.).

Nach der Tour

- Legen Sie mit den Kindern ein Wanderbuch an! Hier ist Platz für Fotos, Hüttenstempel, Abzeichen und Aufkleber oder getrocknete Blumen.

Richtiges Verhalten in der Natur

Viele der wildwachsenden Pflanzen – so auch besonders viele Alpenpflanzen – sind geschützt. Sie welken auch sehr rasch, wenn

wir sie pflücken, also lassen wir sie lieber in der freien Natur stehen! Unsere Wanderrouten führen oft über Viehweiden. Meist sind die Zäune bei Durchgängen zu überwinden, aber manchmal muß man auch ein Gatter öffnen: bitte keinesfalls auf das Schließen vergessen! Wenn Vieh auf der Weide ist, lassen Sie es – vor allem auf Almen – nicht zu, daß die Kühe Sie ablecken. Sie spüren das Salz vom Schweiß auf der Haut, und da sie das sehr lieben, werden Sie die Tiere nicht mehr los! Grundsätzlich bleiben wir bei unseren Wanderungen immer auf den Wegen. Kein Bauer ist erfreut, wenn Kinder das Gras auf der Wiese niedertreten.
Nehmen Sie auch Rücksicht auf die Tierwelt!
Durch übermäßigen Lärm werden die Waldtiere verschreckt, auch Wildfütterungsstellen sollten nicht berührt werden, und daß Nester von Vögeln und Ameisen nicht zerstört werden, ist selbstverständlich.
Noch ein paar Worte zum Müll: Grundsätzlich sollte man den Müll, der während der Wanderung anfällt, mit nach Hause nehmen. Falls Müllbehälter aufgestellt sind, ist eine Entleerung in vielen Gebieten selten und kostspielig, und zu Hause läßt sich der Abfall leichter ordnungsgemäß entsorgen!

2. AUSRÜSTUNG

Bekleidung

Frieren oder Schwitzen auf einer Wanderung wirkt sich sehr nachteilig auf die Stimmungslage und so auch auf den Erholungswert der Tour aus! Achten Sie daher auf richtige und zweckmäßige Ausrüstung. Folgende Punkte sollten beachtet werden:

- Kleiden Sie sich und Ihre Kinder nach dem sogenannten „Zwiebelprinzip"! Dabei zieht man einige dünne Kleidungsstücke übereinander an, um sie je nach Bedarf an- oder ausziehen zu können.
- Wählen Sie Kleidungsstücke aus atmungs- und saugfähigen Materialien! Nichts ist unangenehmer als Kleidungsstücke, die schweißnaß am Körper kleben und zusätzlich einen Hitzestau verursachen.
- Die Kleidung sollte strapazierfähig und bequem sein und nicht einengen. Kinder beanspruchen ihre Kleidung beim Herumtollen sehr, daher sollte sie auch leicht zu reinigen sein.
- Vergessen Sie nie, einen Regenschutz sowie Haube und Handschuhe einzupacken! Vor allem in höher gelegenen Gebieten ist es immer kälter als unten im Tal, meistens auch noch windig.
- Nehmen Sie Reservewäsche für kleine Kinder mit (Unterwäsche, Reservesocken, -hemden, -hosen!)
- Die Schuhe sollten bequem und wasserfest sein! Am besten geeignet sind leichte Bergschuhe, es können aber auch andere Schuhe sein, die aber auf jeden Fall über den Knöchel reichen sollten. Achten Sie auf die richtige Größe! (Kinderfüße wachsen erstaunlich schnell!)
- Sollte Ihr Kind sehr modebewußt sein, kommen Sie ihm mit der Auswahl der Kleidungsstücke entgegen! Die vorher angeführten Kriterien sollten jedoch auf jeden Fall erfüllt werden.

Rucksack

Er ist und bleibt der ideale Begleiter bei Wanderungen! Wählen Sie ein Modell aus, das nicht direkt am Rücken anliegt, ein Netzrücken ermöglicht eine Belüftung. Die Tragegurte sind der Körpergröße anzupassen, und ein Hüftgurt hilft bei der Verteilung des Gewichts von den Schultern auf die Hüften. Auch kleine Kinder tragen ihren eigenen Rucksack gerne (es gibt viele hübsche Modelle, z. B. sehen manche wie Kuscheltiere aus), hier lassen sich kleine Spielsachen oder eine Trinkflasche unterbringen.

Kindertragen

Wenn Sie auch Ihre Kleinsten schon auf die Wanderung mitnehmen, wählen Sie eine Kindertrage aus, die folgende Kriterien erfüllt:

- Hüftgurt
- Kopfstütze für das Kind (seitliche Kopfstützen stabilisieren zusätzlich Kopf und Oberkörper)
- Netzrücken
- Integrierter Rucksack
- Kind-Fixierung
- Auslegeständer, damit man das Kind mit der Trage absetzen kann.

Sonnenschutz

Besonders in höheren Lagen kann man sich schnell einen schmerzhaften Sonnenbrand holen! Achten Sie auf den nötigen Schutzfaktor der Sonnencreme und verwenden Sie Sonnenbrillen mit UV-Schutz. Empfehlenswert ist auch eine Kopfbedeckung mit Schirm.

Essen und Trinken

Kinder werden auf Wanderungen sehr schnell hungrig und noch schneller durstig! Gute Verpflegung hebt auch die Laune nach anstrengenden Wegstrecken wieder an. Beachten Sie bitte folgendes:

- Wählen Sie kohlenhydratreiche und fettarme Nahrungsmittel aus! Sie geben verbrauchte Energien rasch wieder zurück.
- Saftiges (z. B. Obst, Pudding) schmeckt besser als Trockenes!
- Süßigkeiten nur in kleinen Mengen, da sie den Durst verstärken!
- Als Getränke wählen Sie Tee oder schwach gesüßte Fruchtsäfte, in der kalten Jahreszeit bewährt sich Tee in der Thermoskanne;
- Beachten Sie die Vorlieben Ihrer Kinder bei der Auswahl der Speisen und der Getränke!
- Verzichten Sie aus Umweltgründen auf Wegwerfpackungen und Aludosen!

Erste Hilfe

Für alle Fälle sollten Sie vorsorgen, um kleine Verletzungen wie Risse und Schnitte verarzten zu können. In ihrer kleinen Wanderapotheke sollten immer vorhanden sein:

- Heftpflaster in verschiedenen Größen
- Mulltupfer als Wundauflage
- Leukoplast
- Elastische Binden
- Dreieckstuch und Desinfektionsmittel
- Verbandsmaterial

Bei größeren Unfällen kommt es oft darauf an, schnell Hilfe zu bekommen. Nehmen Sie daher immer – soferne Sie eines besitzen – Ihr Handy mit den wichtigsten Notrufnummern mit! Sie sollten auch wissen, ob Ihr Kind gegen Insektenstiche allergisch reagiert. In solchen Fällen kann rasche Hilfe lebensrettend sein!

Wanderkarten

Auf jede Wanderung in unbekanntes Gebiet sollte eine Wanderkarte mitgenommen werden. Für unsere Wanderungen sind die Karten von Freytag & Berndt im Maßstab 1:50 000 ausreichend. Viele Gemeinden geben für ihren Bereich eigene Wanderkarten und Wanderführer heraus, die Sie sich zusätzlich besorgen können. Eine Übersicht über den Wegverlauf ist in unserem Wanderführer aus den Skizzen ersichtlich.

Taschenlampe

Sie leistet Ihnen gute Dienste, wenn eine Wanderung einmal länger dauert, als sie vorher geplant war! Auch bei ungeführten Höhlenbesuchen ist sie nützlich.

3. ZUM GEBRAUCH DIESES FÜHRERS

Unser Führer wendet sich in erster Linie an Familien mit Kindern zwischen ein und zehn Jahren, welche auf relativ kurzen, aber interessanten Wanderungen unser Heimatland Kärnten näher kennenlernen wollen. Er eignet sich jedoch auch als „Fundgrube“ für Lehrerinnen und Lehrer, welche für ihre Klassen Wandertage abwechslungsreich und informativ gestalten wollen, und für alle, die gerne wandern, aber für ausgedehnte Touren nicht die Zeit oder die notwendige Kondition aufbringen können.
Nach einem allgemeinen Informationsteil (Kapitel 1 bis 4) sowie einer Auflistung der Touren nach verschiedenen Kriterien (z.B. Burgen, Klammen usw.) folgen 50 Tourenvorschläge für den Bereich Mittel- und Unterkärnten. Bei jeder Wanderung ist ein Informationsblock vorangestellt. Bereits in der **Überschrift** sind die Gehzeit und der Schwierigkeitsgrad angegeben. Die Gehzeit bezieht sich auf das Tempo von Erwachsenen, und je nach Alter und Tempo der Kinder wird Ihre Gehzeit davon abweichen. Den Schwierigkeitsgrad geben zwei Symbole an:

Ein Wanderschuh: bedeutet eine einfache Wanderung, der Weg bietet keine Schwierigkeiten und kann auch schon von wenig trittsicheren Kindern begangen werden.

Zwei Wanderschuhe: die Wanderung ist mäßig schwierig, der Weg ist zeitweise schmal und verlangt bereits Trittsicherheit.

Ein Informationsblock gibt eine kurz zusammengefaßte Beschreibung der Wanderung:

Alter: Hier wird angegeben, ab welcher Altersstufe die Wanderung unserer Meinung nach geeignet ist. Es kann nur ein Richtwert sein, da Kinder – unabhängig vom Alter – unterschiedlich belastbar sind! Nach einigen „Probewanderungen“ können Sie sicher die Belastbarkeit Ihres Kindes gut einschätzen.

Weiters finden Sie Angaben über ⊙ Ausgangspunkt, Bahn- oder Busverbindung, → Wegverlauf, Stützpunkt, ☺ Was allen Spaß macht und Karten.

Nach dem Informationsblock wird die Wanderung mit ihren Besonderheiten genauer beschrieben. Es ist natürlich nur eine kurz gehaltene Information, welche die Kinder neugierig auf das Wanderziel machen, Sie aber auch zum Beschaffen weiterer Information anregen soll. Der Wegverlauf beschreibt dann die Wanderung im Detail; die Skizze soll eine Wanderkarte nicht ersetzen, sie kann nur einen Überblick über den Tourenverlauf geben.
Unter „Besonderheiten der Umgebung“ finden Sie Hinweise auf Sehenswertes in der Nähe der Wanderroute, wie z.B. Museen, Freizeitangebote oder wertvolle Kulturgüter. Wenn Sie genügend Zeit haben, lassen sie sich in die Wanderung einbauen oder eignen sich als „Schlechtwetterprogramm“.

Anreise mit öffentlichen Verkehrsmitteln

Wo immer es möglich ist, haben wir die Möglichkeit der Anreise mit öffentlichen Verkehrsmitteln angegeben. Die Bundesbusverbindungen sind jedoch oft schlecht und auf den Bedarf der Schulkinder abgestellt. Die Liniennummern geben an, welcher Bus den jeweiligen Ausgangspunkt der Wanderung anfährt, den genauen Fahrplan und eventuelle Umsteigmöglichkeiten erfragen Sie bitte bei der zuständigen Auskunftstelle. Oft gibt es auch Vergünstigungen für Familien mit Kindern – nützen Sie diese aus!

4. ERKLÄRUNG DER ABKÜRZUNGEN UND ZEICHEN

	Alter der Kinder
	Ausgangspunkt
	Bahnverbindung
	Busverbindung
→	Wegverlauf
	Stützpunkt
☺	Was allen Spaß macht
	Karten
▲	Gipfel
	Burg, Ruine
	Schloß
	Kirche
	Bildstock
	Höhle
	Sender
P	Parkplatz

5. AUFLISTUNG DER TOUREN NACH VERSCHIEDENEN KRITERIEN

Große Wiesen

Falkert (Tour 1)
Flattnitz (Tour 2)
Bodental – Märchenwiese (Tour 9)
Plöschenberg (Tour 11)
Drasing und Hornstein (Tour 15)
Wunderriegel (Tour 17)
Gurk (Tour 18)
Lorenziberg (Tour 24)
Ruine Taggenbrunn (Tour 25)
Magdalensberg (Tour 27)
Christofberg (Tour 28)
Maria Rain (Tour 33)
Eisloch in der Matzen (Tour 35)
Hemmaberg – Globasnitz (Tour 40)
Rinkenberg (Tour 42)
Zauberkogel bei Diex (Tour 47)
Kleiner Sauofen (Tour 48)
Gertrusk (Tour 49)
Koralpe (Tour 50)

Burgen, Schlösser und Ruinen

Kanzianiberg (Tour 8)
Wildpark Rosegg (Tour 9)
Drasing und Hornstein (Tour 15)
Haidensee (Tour 16)
Friesach (Tour 20)
Ruinen Hornburg (Tour 22)
Schloß Frauenstein, Kraiger Schlösser (Tour 23)
Ruine Taggenbrunn (Tour 25)
Burg Hochosterwitz (Tour 26)
Ulrichsberg (Tour 30)
Ruine Rabenstein (Tour 45)

Teiche, Bäche und Seen

Spintikteiche (Tour 14)

Haidensee (Tour 15)
Grades (Tour 19)
Schloß Frauenstein, Kraiger Schlösser (Tour 23)
Lorenziberg (Tour 24)
Christofberg (Tour 28)
Falkenberg (Tour 32)
Petzenkönig (Tour 41)
Griffen (Tour 46)
Gertrusk (Tour 49)

Klammen und Wasserfälle

Tscheppaschlucht (Tour 10)
Hainschwanderweg (Tour 34)
Wildensteiner Wasserfall (Tour 36)
Trögerner Klamm (Tour 37)

Höhlen und Grotten

Obir-Tropfsteinhöhlen (Tour 38)
Hemmaberg – Globasnitz (Tour 40)
Griffen (Tour 46)

„Lehrreiche" Wanderungen

Gräberfeld von Frög (Tour 7)
Friesach (Tour 19)
Knappenberg (Tour 20)
Burg Hochosterwitz (Tour 25)
Magdalensberg (Tour 26)
Freilichtmuseum Maria Saal (Tour 28)
Eisloch in der Matzen (Tour 34)
Gracarca (Tour 38)
Petzenkönig (Tour 40)
Wassererlebnisweg Pudlach (Tour 42)
Geologischer Lehrpfad Nussberg – Kasparstein (Tour 43)

Speziell für Kinder

Falkert (Tour 1)
Zauberwald Rauschelesee (Tour 12)
Petzenkönig (Tour 41)

1 FALKERT

Gehzeit: 3 Std./

Vom See zu „Heidi" und dem „Ziegenpeter"

Alter: ab 5 Jahre
Ausgangspunkt: Hotel Köfer am Falkertsee
Der Ausgangspunkt ist mit öffentlichen Verkehrsmitteln nicht erreichbar.
Wegverlauf: Hotel Köfer (1872 m) – Falkertspitz (2308 m) – Hundsfeldschopf – Hotel Köfer
Stützpunkt: Hotel und Pensionen am Falkertsee
Was allen Spaß macht: „Heidi-Alm"
Murmeltiergehege
Spielen am See
Karten: Freytag & Berndt WK Nr. 222, 1:50 000

Zu einer richtigen „Familien- und Kinderalm" hat sich das Gebiet rund um den Falkertsee in den Nockbergen während der letzten Jahre entwickelt. Am Rande des Nationalparks Nockberge gelegen, ist es ein ideales Gelände für Kinder: Wie eine riesige Spielwiese erstrecken sich die baumlosen Almen um den kleinen Talkessel, in dem der glasklare Falkertsee liegt. Der See ist zwar zum Baden zu kalt, doch an den Ufern kann man herrlich spielen und mit Glück auch die Fische beobachten! Eine besondere Attraktion für die kleinsten Wanderer ist die „Heidi-Alm", wo Figuren aus der Geschichte von Heidi und dem Ziegenpeter aufgestellt wurden. Kühen, Bergziegen und Murmeltieren begegnen wir hier, auf den Almhängen sehen wir die Eingänge der Murmeltierbaue – leicht erkennbar an der Erde, welche die Tiere aus den Gängen auswerfen. Über ein halbes Jahr – von Oktober bis Mai – vergraben sie sich in ihren Bauen, um die kalte Jahreszeit, in der sie kein Futter finden, im Winterschlaf zu verbringen. Dabei magern sie stark ab, und im Frühling schlottert der Pelz an ihnen wie ein zu groß geratener Mantel!
Wunderschön sind auch die Alpenblumen, am reichsten ist die Blüte im Juli und August.

Wegverlauf

Vom Sporthotel Köfer aus gehen wir den Wanderweg Nr. 159 bis zum Falkertspitz – dieser Anstieg ist recht direkt, aber mit Pausen zu schaffen! Von hier aus sehen wir weit über die Nockberge, welche ihren Namen von ihren sanft gerundeten Formen haben. Wir gehen dann weiter Richtung Hundsfeldschopf und Falkertköpfl und über die Almmatten zurück zum Falkertsee. Das Gelände ist sehr übersichtlich und ein Verirren kaum möglich!

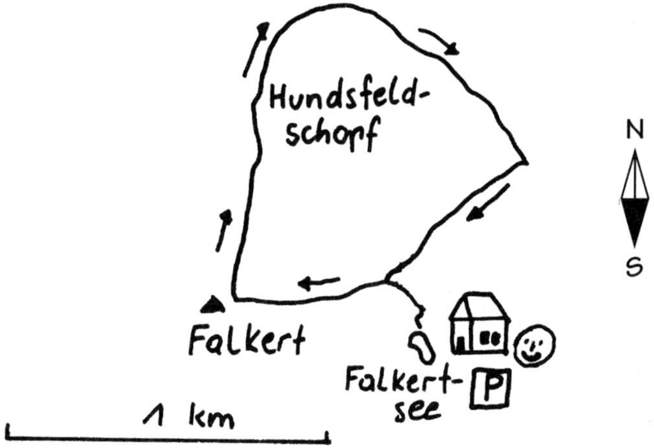

Auf der „Heidi-Alm" (Tour 1)

Auf der Flattnitz (Tour 2)

Am idyllischen Tauernteich (Tour 3)

Sternberg (Tour 4)

2 FLATTNITZ

Gehzeit: 3 Std./

Rund um den Bockbühel

Alter: ab 4 Jahre
Ausgangspunkt: Gasthof Isopp beim Schlepplift
Der Ausgangspunkt ist mit öffentlichen Verkehrsmitteln nicht erreichbar
Wegverlauf: Gasthof Isopp – Kalkbrand – Glanaggensäge – Müllnerhütte – Gasthof Isopp
Stützpunkt: Gasthof Isopp, Müllnerhütte
Was allen Spaß macht: schöne Almweiden mit Kühen und Pferden
Kneippstationen am Weg
Ruine Kalkbrand
Spielen am Bach
alte Bergwerksstollen
Karten: Freytag & Berndt WK Nr. 222, 1:50 000

Am Übergang von Kärnten in die Steiermark liegt in den waldreichen Gurktaler Alpen in 1400 m Seehöhe der kleine Ort Flattnitz. Nur wenige alte Häuser stehen rund um die alte Wallfahrtskirche, welche in früheren Zeiten wegen ihrer sonderbaren Reliquien – der Milch der Heiligen Jungfrau oder des Blutes des hl. Stefan – beliebtes Ziel der Pilger war. Heute ist Flattnitz durch die zahlreichen Ferienhäuser erholungssuchender Stadtbewohner ziemlich dicht verbaut, das landschaftlich sehr reizvolle Gebiet lädt im Sommer zu ausgedehnten Wanderungen und im Winter wegen seiner Schneesicherheit zum Schifahren ein. Auch die Bischöfe von Gurk suchten hier Erholung, seit 1173 ist die Flattnitz ihre Sommerresidenz. Im Mittelalter wurde auf der Flattnitz Silber abgebaut; auf unserem Wanderweg kommen wir an zwei alten, verfallenen Stolleneingängen vorbei. Einer Sage nach soll in einem der kleinen, vermoorten Seen der Flattnitz der Schlüssel zu den Silbergruben der hl. Hemma von Gurk liegen. Sie verfluchte die Gruben, nachdem aufständische Knappen ihre beiden Söhne getötet hatten – der Finder des Schlüssels findet auch die Silbergruben wieder.
Auf unserer Wanderung, wo wir uns bei vier Kneippstationen durch Wassertreten und Armbäder erfrischen können, gelangen wir auch zur Ruine eines alten Kalkbrandes. Die Anlage diente zur Gewinnung von Mauerkalk und war bis ins 17. Jahrhundert in Betrieb.

Wegverlauf

Ausgangspunkt ist der Gasthof Isopp beim Schlepplift, wir gehen den Kalkbrandweg, Markierung blau – weiß B. In langen Serpentinen führt die breite Forststraße entlang eines Bergbaches stetig bergan, bis wir – durch Armbäder erfrischt – beim Kalkbrand die höchste Stelle erreichen. Der Weg führt dann leicht bergab, wir biegen rechts in einen Waldweg ein, Markierung Kneipp blau – weiß B und ein Schild mit der Aufschrift Glanaggensäge – Schafferhütte. Durch den Wald führt uns der Weg in das Tal des Glanaggenbaches, wir halten uns rechts und gehen entlang des Baches Richtung Glanaggensäge und weiter zur Müllnerhütte. Eine Stärkung mit den hausgemachten Produkten ist zu empfehlen! Der Weg führt dann weiter in Richtung Straße, kurz vor der Brücke über den Flattnitzbach biegen wir rechts ab (hier sind auch die alten Stolleneingänge zu sehen) und gehen am Waldrand entlang zum Ausgangspunkt zurück.

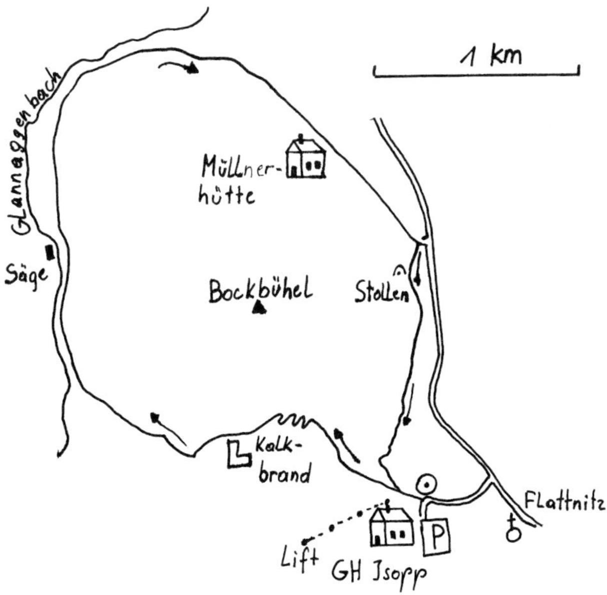

3 OSSIACHER TAUERN *Gehzeit* $2^1/_2$–3 Std./

Hoch über dem Ossiacher See, wo sich Fuchs und Hase gute Nacht sagen

Alter: ab 5 Jahre
Ausgangspunkt: Parkplatz beim Tauernteich
Der Ausgangspunkt ist mit öffentlichen Verkehrsmitteln nicht erreichbar
Wegverlauf: Tauernteich – Gasthof Obersakoparnig – Köstenberg – Tauern – Tauernteich
Stützpunkt: Gasthof Obersakoparnig, Gasthöfe in Köstenberg
Was allen Spaß macht: Felsen mit Moos zum Klettern
Tauernteich
schöne, große Wiese beim Gestüt Ossiacher Tauern
Karten: Freytag & Berndt WK Nr. 233, 1:50 000

Die Ossiacher Tauern sind ein landschaftlich reizvolles Mittelgebirge zwischen Ossiacher See und Wörthersee, ihre höchsten Erhebungen liegen nur knapp über 1000 m. Wenig besiedelt, ermöglichen sie schöne Wanderungen in unberührter Natur. Nur Menschen, welche die Einsamkeit lieben, sind hier seßhaft: So steht an der Straße von Tauern nach St. Nikolai das Häuschen eines Spielzeugmachers, der aus Naturmaterialien (vor allem Holz) liebevoll Kinderspielzeug jeder Art anfertigt. Besucher sind willkommen! Unsere Wanderung führt vom idyllischen Tauernteich durch schöne Nadel- und Mischwälder zum Südabhang des Ossiacher Tauern Richtung Köstenberg. Wir kommen auch an schönen moosbewachsenen Felsbrocken vorbei, welche zum Klettern einladen. Zwischen den Bäumen hindurch erhascht man ab und zu einen Blick auf den Ossiacher See und die Gerlitze. Oberhalb von Köstenberg öffnet sich der Blick auf die Karawanken vom Dobratsch bis zur Petzen; die sonnige Lage des Ortes war wahrscheinlich für die Namensgebung verantwortlich: Köstenberg = Kastanienberg, kärntnerisch „Kestenberg“ genannt.
Der Rückweg führt zum Gestüt Tauern mit seinen ausgedehnten Wiesen; entlang des Weges stehen viele wunderschöne alte Eichen.

Wegverlauf

Den Ausgangspunkt erreichen wir, indem wir die Straße von Os-

siach Richtung Tauernteich fahren. Dort stellen wir das Fahrzeug ab und nehmen den Weg Nr. 9 nach Köstenberg.
Rastplatz ist der Gasthof Obersakoparnig mit einem kleinen Kinderspielplatz. Der Weg führt oberhalb der Straße am Waldrand entlang über eine Wiese bis zu einem Bauernhof. Von dort gehen wir die asphaltierte Straße weiter Richtung Köstenberg. Wir biegen dann nach links ab Richtung Oberdorf und gehen nicht bis zur Kirche Köstenberg, sondern folgen dem Wegweiser Gestüt Ossiacher Tauern nach links – Weg Nr. 2, er führt relativ steil bergauf, bis wir an eine asphaltierte Straße gelangen. Dieser folgen wir durch den Wald und nehmen am Ende des Waldes links den Feldweg Richtung Ossiacher Tauern. Über große Wiesen führt der Weg zum Ort Tauern, hier gehen wir die Straße links zurück zum Tauernteich.

Besonderheiten der Umgebung

Stift Ossiach
Sommerrodelbahn in Ostriach

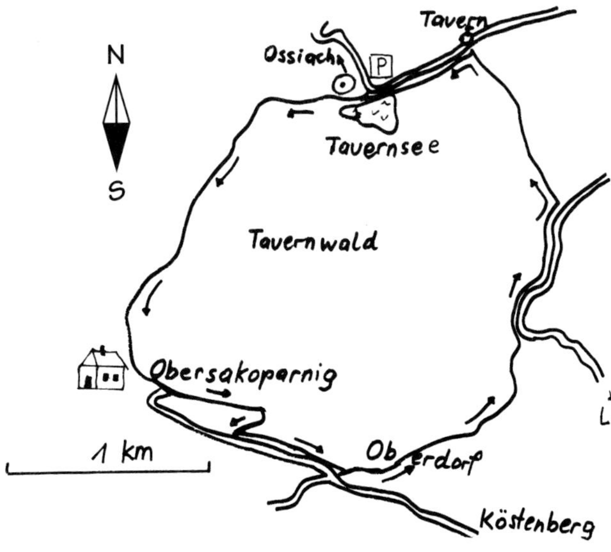

4 STERNBERG *Gehzeit:* $2^1/_2$ Std./

Auf der Römerstraße zur Ruine Hohenwart

Alter: ab 4 Jahre
Ausgangspunkt: Parkplatz beim Friedhof in Damtschach
Busverbindung: Bundesbus Nr. 5181 ab Villach, Haltestelle Damtschach
Wegverlauf: Damtschach – Sternberg – Ruine Hohenwart-Stallhofen – Damtschach
Stützpunkt: Gasthof in Sternberg
Was allen Spaß macht: Spielen bei der Ruine
schöner Fernblick
romantische Waldwege
Karten: Freytag & Berndt WK Nr. 233, 1:50 000

Der kleine Weiler Sternberg liegt am südlichen Abhang der Ossiacher Tauern. Blickfang ist schon von weitem die kleine gotische Wehrkirche St. Georg. Dieser markante Aussichtspunkt, wo man rundum von der Koralm über die Karawanken und Julischen Alpen bis zum Dobratsch blickt, war schon in keltischer und römischer Zeit besiedelt – zahlreiche Fragmente von Römersteinen sind in die Mauern des Kirchleins, welches im 14. und 15. Jahrhundert erbaut wurde, eingelassen. Von der Burg Sternberg, welche sich einst hier erhob, ist nicht mehr viel zu sehen; Reste der Mauern dienen als Untergeschoß eines Hauses. Von Sternberg aus wandern wir in nördliche Richtung zum sogenannten „Schwarzen Schloß", der Ruine Hohenwart, welche zwischen 1144 und 1149 erstmals urkundlich erwähnt wurde. Wir folgen auf dem Weg zur Ruine der alten Römerstraße, die von Villach über Tasimenetum (südöstlich von Sternberg gelegen) nach Techelsberg und weiter nach Virunum, der Hauptstadt der Römischen Provinz Noricum, führte. Was könnten uns die alten Mauern wohl erzählen! Beide Burgen – Hohenwart und Sternberg – wurden bereits Ende des 15. Jahrhunderts – im Krieg des Kaisers Friedrich III. mit den Görzer Grafen – zerstört.

Wegverlauf

Ausgangspunkt ist der Parkplatz vor dem Friedhof in Damtschach. Wir gehen Richtung Stallhofen und zweigen vor dem Bach rechts geradeaus ab. Hier beginnt der Wanderweg W 6, der nach Sternberg führt. Der Weg ist gut markiert, nach Sternberg trägt der Weg zusätzlich die Markierung 3, Velden am Wörthersee. Bei den ersten Häusern nach der Ruine Hohenwart trennt sich der Weg: rechts geht's nach Köstenberg, wir gehen links W 6 nach Stallhofen und Damtschach.

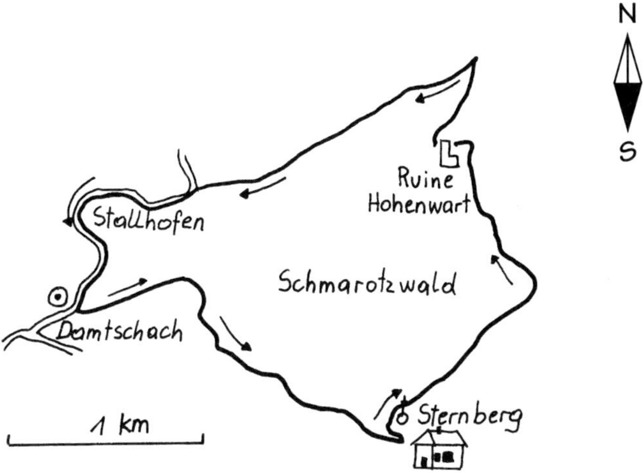

5 FORSTSEE BEI VELDEN *Gehzeit:* $3^1/_2$–4 Std./

Durch die Römerschlucht zum Waldsee

Alter: ab 4 Jahre

Ausgangspunkt: Parkplatz nördlich des Hügels der Franzosenkirche im Ortsteil Unterwinklern, Velden

Bahnverbindung: Bahn von Klagenfurt nach Villach, Bahnhof Velden

Wegverlauf: Parkplatz – Römerschlucht – Gasthof Thomann Forstsee – Römerschlucht – Parkplatz

Stützpunkt: Gasthof Thomann in Kerschdorf, Kiosk beim Forstsee

Was allen Spaß macht: Römerschlucht mit Felsen, Bach und Tümpeln
Badespaß beim Forstsee
Kinderspielplatz beim Thomannteich

Karten: Freytag & Berndt WK Nr. 233, 1:50 000

Ein heißer Tip für heiße Sommertage ist eine Wanderung mit Bademöglichkeit zum idyllischen, von dichtem Wald umgebenen Forstsee. Es lohnt sich diese Wanderung jedoch zu jeder Jahreszeit! In der malerischen Römerschlucht fließt der Bach über große Felsblöcke in tiefe Tümpel, umgestürzte Bäume und solche, die sich mit den Wurzeln an den Felsen festklammern, säumen den leicht ansteigenden Weg. Ob der Weg wirklich von Römern benützt wurde, ist nicht sicher, aber denkbar. Der Forstsee ist ein Speichersee der KELAG, der Damm wurde 1937 vollendet. Rundum säumen dichte Wälder mit Schwarzbeerunterwuchs die teils steil abfallenden, felsigen, teils flachen Ufer des Sees. Obwohl sich im Sommer viele Badelustige hier treffen, findet man sicher ein ruhiges Plätzchen für ein erholsames Bad und eine kräftige Jause. Die Wegbeschreibung klingt zwar etwas kompliziert, der Weg ist aber sehr gut beschildert !

Wegverlauf

Zum Parkplatz gelangen wir, wenn wir gleich nach der Autobahnabfahrt Velden am Ostrand des Ortes die erste Straße rechts nehmen. Wir gelangen in den Ortsteil Unterwinklern und parken am Nordrand des kleinen Hügels mit der Franzosenkirche. Dieser Punkt ist auch vom Bahnhof Velden in ca. 10 Minuten erreichbar:

Wir nehmen die Unterführung bei der Bahn und gelangen zur Forstseestraße, diese gehen wir nach Osten bis zum Parkplatz weiter. Von hier aus folgen wir dem Weg Markierung Nr. 1 unter der Autobahn hindurch zur Römerschlucht und durchwandern sie in der ganzen Länge (Richtung Wanderweg Nr. 14). Am Ende der Schlucht wenden wir uns nach rechts, Richtung Forstsee, Markierung Nr. 14, nach ca. 150 m nach links, Richtung Gasthof Thomann, Wanderweg Nr. 24. Wo der Weg flacher wird, biegen wir links zu einem kleinen Steig ab (Markierung Nr. 24), dann in eine Forststraße, wo wir nach rechts gehen, dann wieder links am Wiesenrand bergauf zum Gasthof Thomann. Nach dem Gasthof führt der Weg links zu einem kleinen Teich, vor diesem biegen wir nach rechts ab. Wir bleiben auf dem Wanderweg Nr. 24, bis wir auf den Weg Nr. 19 treffen, von hier geht es nach rechts bis zum Forstsee. Diesen umrunden wir entlang des Weges Nr. 21. Als Rückweg wählen wir den Weg Nr. 1 bzw. 14 entlang eines Baches und gelangen zum unteren Teil der Römerschlucht und von dort wieder zum Parkplatz.

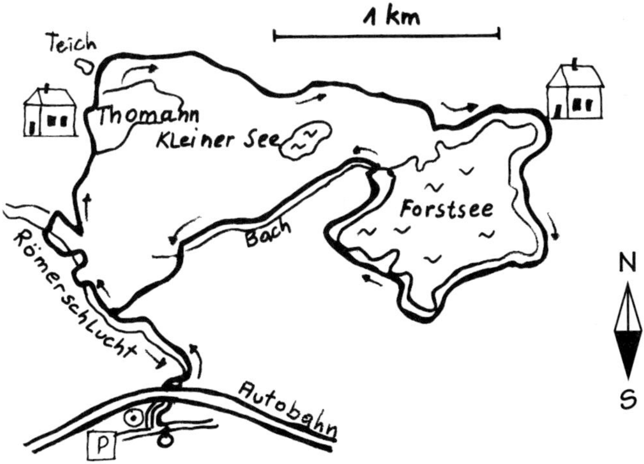

6 WILDPARK ROSEGG *Gehzeit:* 2 Std./

Zu Hängebauchschweinen und Flamingos

Alter: ab 2 Jahren
Ausgangspunkt: Parkplatz beim Wildpark
Busverbindung: Bundesbus Linien 5196, 5316 Haltestelle Rosegg
→ *Wegverlauf:* Parkplatz – Wildpark – Ruine Altrosegg – Parkplatz
Stützpunkt: Hotel – Restaurant Drauhof
Was allen Spaß macht: über 20 Wildarten
Ruine
Kinderspielplatz
Karten: sind nicht erforderlich

Der kleine Markt Rosegg liegt, umflossen von einer Drauschlinge, südlich von Velden. Zum Tierpark gelangen wir, indem wir beim Gemeindeamt nach Osten abbiegen, der Weg ist gut beschildert. Der Tierpark erstreckt sich auf ein Areal von über 30 ha und wird von 3 km Zaun und 3 km Mauer begrenzt. Inmitten des Geländes erhebt sich auf einem bewaldeten Burghügel die trutzige Ruine Altrosegg, welche einst den Herren von Ras (von ihnen leitet sich die Bezeichnung Rosegg ab) als jüngerer Stammsitz diente. Die umliegenden Wiesen beherbergen heute den Tierpark, in dem über 20 Wildarten mit ca. 500 Tieren leben. Der überzählige Nachwuchs wird in die natürlichen Lebensräume ausgesetzt, um die Tiere in ihrem Bestand in freier Wildbahn zu erhalten. Auf ca. 3 km Wanderwegen finden wir die Gehege von weißen Wölfen, Wasservögeln, Damwild, Rotwild, verschiedenen Schweinearten, Steinböcken, Mufflons, es gibt aber auch Strauße, Kraniche und Flamingos. Ein schöner Weg führt uns zur Ruine mit den Resten eines Bergfrieds aus dem 12. Jahrhundert; auf den Felsen des Ruinenhügels begegnen wir Mufflons und Klippenspringern. Der Tierpark ist von April bis November von 9–17 Uhr, im Juli und August bis 18 Uhr geöffnet (der Ausgang ist bis 20 Uhr möglich).

Wegverlauf

Ein Übersichtsplan des Wildparks erlaubt eine schnelle Orientierung über die Lage der einzelnen Gehege. Je nach Interesse besuchen wir die verschiedenen Tierarten und machen ausgiebige Fotopausen!

Besonderheiten der Umgebung

Schloß Rosegg mit Wachsfigurenausstellung, geöffnet von Mai bis Oktober von 10 bis 18 Uhr; Juli und August täglich, in den übrigen Monaten Montag Ruhetag!
Gräberfeld von Frög (siehe Wanderung 7!)

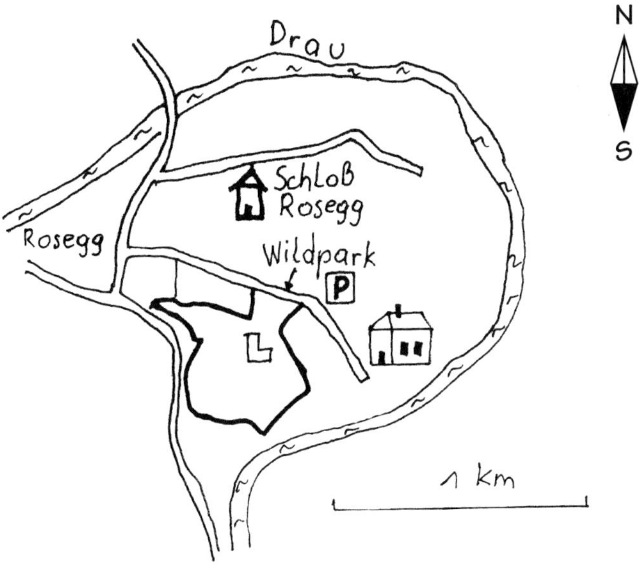

7 DAS GRÄBERFELD VON FRÖG *Gehzeit:* 3/4–1 Std./

Hügelgräber der Hallstattzeit

Alter: ab 3 Jahre

Ausgangspunkt: Parkplatz an der Straße Rosegg – St. Jakob

Busverbindung: Bundesbus Linien 5196, 5316 Station Frög beim Gasthof Seidl

Wegverlauf: Parkplatz – Draukanalbrücke – markierter Rundgang – Parkplatz

Stützpunkt: Gasthof Seidl

Was allen Spaß macht: Klettern auf den Hügeln im Wald Uferweg am Draukanal

Karten: sind nicht erforderlich

Auf einem kleinen Bergrücken zwischen Draukanal und altem Draubett wurden bei mehreren Ausgrabungen Ende des vergangenen Jahrhunderts und etwa Mitte unseres Jahrhunderts über fünfhundert Grabhügel aus der Hallstattzeit (900 – 550 v.Chr.) gefunden. Als Grabbeigaben gab man den Toten Bleifiguren mit: Darstellungen von Tieren und Menschen, der bekannteste Fund ist ein Bleiwagen, der von 12 Pferden gezogen wird. Er sollte den toten Fürsten symbolisch in das Reich der Toten geleiten. Die Figuren sind im Landesmuseum für Kärnten ausgestellt, einige auch in Museen in Berlin und Wien. Diese und andere Grabbeigaben sollten den Toten ein möglichst angenehmes Verweilen im Jenseits ermöglichen. Viele der Gräber wurden jedoch von Grabräubern geplündert, welche die oft wertvollen Stücke mitnahmen und verkauften. Im Zuge des Kraftwerksbaues legte man den Oberwasserkanal an und mußte daher einige der Grabhügel ausgraben und entfernen.

Wegverlauf

Ausgangspunkt ist ein kleiner Parkplatz an der Straße Rosegg – St. Jakob gegenüber vom Gasthof Seidl. Wir gehen die Straße entlang bis zum Draukanal. Vor der Brücke biegen wir nach links ab und folgen dem mit gelben Pfeilen markierten Weg. Er führt durch Nadelwald bis zu einer kleinen Anhöhe, einem der größten Hügelgräber, 5 m hoch und an der Basis 15 m Durchmesser aufweisend. In der Mitte des Hügels befindet sich ein tiefes Loch, die Gräber erinnern fast an kleine Krater. Dieses Grab ist der Wendepunkt unseres Weges; wir folgen den gelben Pfeilen, links und rechts von uns erheben sich die Hügelgräber. Bei einer kleinen Bank mit Tisch sehen wir im NO den Kathreinkogel, wo ebenfalls antike und frühchristliche Gebäudereste entdeckt wurden. Den gelben Pfeilen folgend, gelangen wir bei der Brücke wieder auf die Straße und weiter zum Parkplatz.

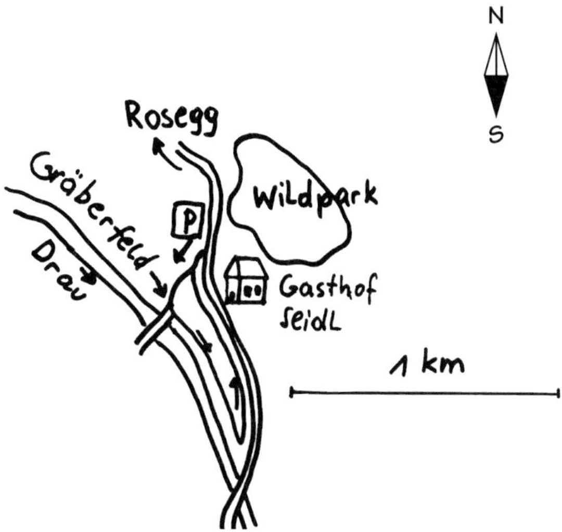

8 KANZIANIBERG

Gehzeit: 1½ Std.

Klettergarten bei Finkenstein

Alter: ab 4 Jahre

Ausgangspunkt: Bahnhof Finkenstein bzw. Bundesbus-Haltestelle Finkenstein oder Parkplatz beim Klettergarten

Bahn- bzw. Busverbindung: ÖBB Linie Villach – Rosenbach, Bahnhof Finkenstein bzw. Bundesbus Linie 5194

Wegverlauf: Finkenstein – Klettergarten – Kneippwanderweg – Kirche St. Kanzian – Naturlehrpfad – Klettergarten – Finkenstein

Stützpunkt: Gasthöfe in Finkenstein

Was allen Spaß macht: Klettern auf den Felsen
Naturlehrpfad
Kneippwanderweg

Karten: Freytag & Berndt WK Nr. 233, 1:50 000

Südlich des kleinen Ortes Finkenstein erhebt sich – weithin sichtbar – der Kanzianiberg (774 m), dessen Westflanke beeindruckende, steil aufragende Felswände bilden. Seit einigen Jahren befindet sich hier ein Klettergarten: bei schönem Wetter können wir Bergsteiger beim Üben beobachten, welche in atemberaubender Weise in schwindelnder Höhe die Felswände durchsteigen. Hier erfahren auch die Soldaten des Österreichischen Bundesheeres ihre Alpin-Grundausbildung. Am Fuße dieser Kalkfelsen liegen große Felsbrocken, welche durch die Einflüsse von Wind und Wetter aus den Felsen gesprengt wurden. Hier lassen sich erste Kletterübungen auch ohne Seil und Haken durchführen! Direkt beim Klettergarten beginnen auch der Kneippwanderweg und der Naturlehrpfad, die wir zu einem Rundweg verbinden. Auf über 40 informativen Tafeln werden uns die Pflanzen – Kräuter, Sträucher und Bäume – dieses Biotops erklärt. Der Naturlehrpfad führt uns zum Gipfel mit der Kirche St. Kanzian, in deren Umgebung viele Funde aus prähistorischer Zeit gemacht wurden. Da der Gipfel des Kanzianiberges einen ausgezeichneten Ausblick auf das Umland bietet, ist die Wahl dieses Berggipfels als Siedlungszentrum gut verständlich. Die Fundstücke, welche man hier ausgrub, sind im Museum in Villach ausgestellt.

Wegverlauf

Wer mit öffentlichen Verkehrsmitteln anreist, nimmt die kleine Straße vom Ortszentum Finkenstein Richtung Baumgartner Höhe; nach ca. 15 Minuten erreichen wir den Klettergarten. Mit dem Auto können wir direkt bis zum Klettergarten fahren und das Auto dort abstellen (allerdings befinden wir uns im Quellschutzgebiet, an sich wäre das Parken dort verboten! Wir empfehlen daher, das Auto schon in Finkenstein stehenzulassen). Wir gehen zunächst den Kneippwanderweg, er beginnt beim Klettergarten und führt uns nach links im Wald parallel zur Straße zu einem kleinen Bach. Weiter geht es bergauf durch den Wald, bis wir bei einem kleinen Haus auf den Weg zur Kirche stoßen. Hier beginnt auch der Kreuzweg, und dies ist auch der Anknüpfungspunkt zum Naturlehrpfad. Nach einem Abstecher nach links zum Gipfel und der Kirche nehmen wir als Rückweg zum Klettergarten den sehr informativen Naturlehrpfad, er ist gut beschildert und ein Verirren kaum möglich.

Besonderheiten der Umgebung

Burgruine Altfinkenstein
Sommerrodelbahn Baumgartner Höhe

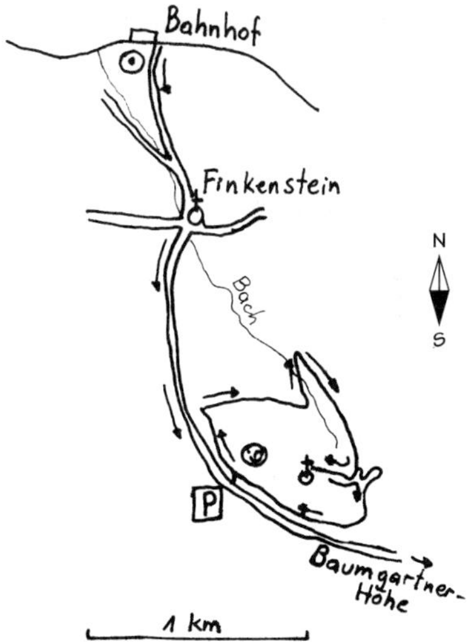

Klettergarten Kanzianiberg (Tour 8)

Auf der Märchenwiese im Bodental (Tour 9)

Im Wildpark Rosegg (Tour 6)

Besuch in der Tscheppaschlucht (Tour 10)

9 BODENTAL – MÄRCHENWIESE *Gehzeit:* 2 Std./

Ein Ausflug in die schönste Landschaft Unterkärntens

Alter: ab 3 Jahre
Ausgangspunkt: Parkplatz Gasthof Sereinig, Bodental
Busverbindung: Bundesbus Nr. 5334
→ *Wegverlauf:* Gasthof Sereinig (1036 m) entlang des gut markierten Weges zur Märchenwiese oder entlang des Panoramawanderweges (Nr. 2)
Stützpunkte: Gasthof Sereinig, Gasthof Bodenbauer, Gasthof Lausegger
Was allen Spaß macht: Spielplatz beim Gasthof Sereinig mit Resten einer alten Befestigungsanlage
wunderschöne Bergwiese
Karten: Freytag & Berndt WK Nr. 234, 1:50 000

Das Bodental mit seinen vielen Wandermöglichkeiten ist eine der schönsten Landschaften Unterkärntens. Eine herrliche Bergwelt öffnet sich dem Blick, und die erste Wanderroute führt zu der für ihre Schönheit gerühmten Märchenwiese. Vom Gasthof Sereinig aus ist sie in einer $^3/_4$ Stunde bequem erreichbar, man kann aber auch bis zum Gasthof Bodenbauer fahren und geht dann nur mehr 2 km bis zum Ziel. Eine zweite Wanderroute beginnt ebenfalls beim Gasthof Sereinig: der Panoramawanderweg führt in ein landschaftlich ebenfalls herrliches Gebiet. Im Sommer 1997 waren entlang dieses Weges seltene Haustierrassen wie das Brillenschaf oder das Schwalbenbäuchige Mangalicaschwein (sieht einem Wildschwein sehr ähnlich!) zu besichtigen. Es ist zu hoffen, daß diese Aktion zur Erhaltung gefährdeter Haustierrassen weitergeführt wird.
Auch im Winter ist das Bodental ein heißer Tip: drei Schilifte stehen in unmittelbarer Nähe des Gasthofs Sereinig zur Verfügung, die Schneelage ist durch Schneekanonen gesichert, der Babylift für die Kleinsten ist gratis zu benützen.
Dienstags und freitags kann man bei Flutlicht Schifahren, für Kinder ab vier Jahren werden Schikurse organisiert.

Wegverlauf

Das Bodental erreicht man über die Loiblpaß-Bundesstraße, von der man am Kleinen Loibl Richtung Bodental abzweigt. Ausgangspunkt für beide Wanderrouten ist der Gasthof Sereinig, wo sich auch die Bushaltestelle befindet. Zur Märchenwiese gelangt man über den gut gekennzeichneten Wanderweg Nr. 662; bis zum Gasthof Bodenbauer kann man mit dem Auto fahren, der Rückweg folgt der gleichen Route. Wer sich für den Panoramawanderweg entscheidet, folgt der Markierung Nr. 2.

Besonderheiten der Umgebung

Einen besonders schönen Ausblick auf das Rosental bis zum Faaker See hat man vom Gasthof Alpenruhe, einem typischen urigen Berggasthof, welcher mit dem Auto oder zu Fuß entlang des Wanderweges Nr.13 (Sinacher Gupf) erreichbar ist.

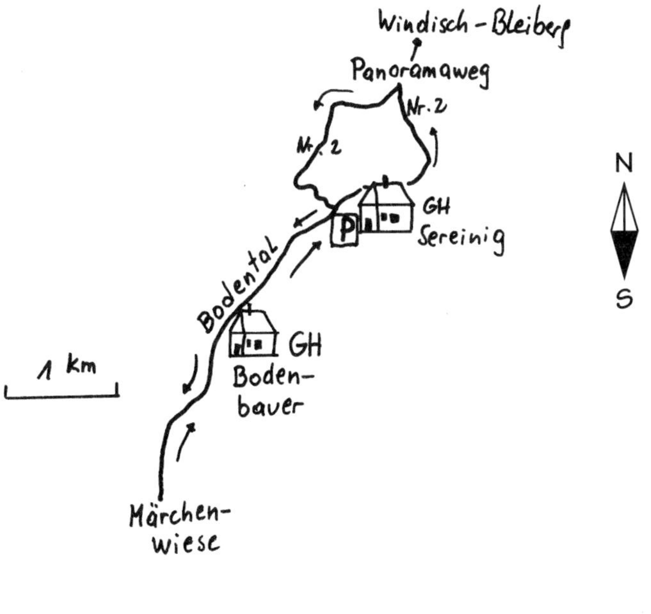

10 TSCHEPPASCHLUCHT *Gehzeit:* 2–3 Std./

Wilde Schlucht mit Leitern und Steigen

Alter: ab 5 Jahre
Ausgangspunkt: Parkplatz Tscheppaschlucht an der Loibl-Straße
Busverbindung: Bundesbus Linie 5334 bis Station Unter-Loibl – Tscheppaschlucht
→ *Wegverlauf:* Parkplatz Tscheppaschlucht – Goldenes Brünnl – Weggabelung Richtung Tschaukofall oder Deutscher Peter und zurück (zu Fuß oder mit dem Bus)
Stützpunkt: Gasthof Deutscher Peter
Was allen Spaß macht: Klettern auf Leitern und Stiegen Wildbach
Karten: Freytag & Berndt WK Nr. 234, 1:50 000

Die Tscheppaschlucht ist eine Kluft, die der Loiblbach in Jahrmillionen in die steil aufsteigenden Felsen des Loibltales gegraben hat. Sie liegt ca. 4 km südlich oberhalb der durch ihre Waffenproduktion berühmten Büchsenmacherstadt Ferlach (südlichste Stadt Österreichs). Der Name wird von der „Tscheppa", einem kleinen Bergkegel oberhalb der Schlucht, abgeleitet. Den Sagen nach befindet sich hier der Lebensraum der Saligen Frauen – sie verkünden allein durch ihr Auftreten Unheil – und anderer Wichtelmänner und Geistergestalten. Man kann sich ihre Behausungen gut in den steil aufsteigenden, wild zerklüfteten und mit vielen Höhlen durchsetzten Felswänden vorstellen. An einem Ende des Weges befindet sich das rund 500 Jahre alte Gasthaus „Deutscher Peter". Hier soll Kaiser Karl VI. zu Beginn des 18. Jahrhunderts vor einer Loiblpaßüberquerung zu einer Rast eingekehrt sein. Der Kaiser konnte sich mit den dort ansässigen Bauern nicht verständigen – er sprach nur deutsch, die Bauern einen slowenischen Dialekt – und fand erst Hilfe durch den Wirt Peter Tschauko, der als Übersetzer einsprang. Seitdem heißt das Gasthaus am Loiblweg „Deutscher Peter". Nach einem seiner Nachkommen ist der Wasserfall am Ende der Schlucht benannt.

Wegverlauf

Beginn beim Parkplatz oberhalb nach der Ortschaft Unterloibl an der Loiblpaßbundesstraße B 91, entlang eines Waldweges bis zum

Goldenen Brünnl. Dort befinden sich die Kasse und eine Jausenstation (geöffnet 1. Mai – Mitte Oktober). Hier beginnt die Schlucht, und nun führt die Wanderroute durch schroffe Felsen, begleitet von stürzenden Wassern über Steige, Brücken, Leitern und Stufen. Wir kommen auch durch ein Felsentor, immer auf gut gesicherten Stegen durch die ganze Schlucht. Ein gutes Schuhwerk wird empfohlen! Ebenso sollte man besondere Vorsicht und Aufsicht bei den Kindern walten lassen. Nach etwa einer Stunde, vom Goldenen Brünnl gerechnet, kommen wir zu einer Weggabelung, wo wir uns entweder für den Weg zum Tschaukofall und zur Teufelsbrücke oder zum Gasthof Deutscher Peter entscheiden müssen. Beide Endpunkte liegen an der Bundesstraße, und man kann von den dortigen Haltestellen mit dem Bus zurück zum Parkplatz fahren (Businformationen beim Goldenen Brünnl oder bei der Postautostelle Klagenfurt, Tel. 0463/54340).

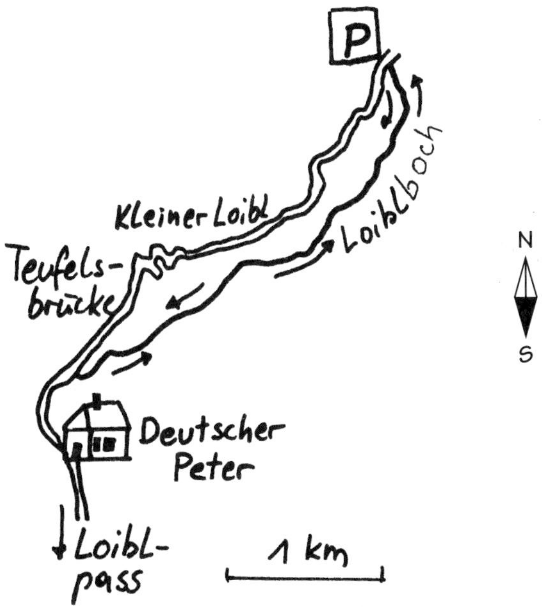

11 PLÖSCHENBERG *Gehzeit:* 3–3 1/2 Std./

Aussichtsberg zwischen Seental und Rosental

Alter: ab 6 Jahre
Ausgangspunkt: Landgasthof Plöschenberg
Der Ausgangspunkt ist mit öffentlichen Verkehrsmitteln nicht erreichbar
Wegverlauf: Parkplatz – Wurdach – Opferholz – Parkplatz
Stützpunkt: Landgasthof Plöschenberg, mehrere Buschenschenken
Was allen Spaß macht: Spielen auf der großen Wiese
Klettern über Felsen
Kinderspielplatz beim Gasthof
wunderschöner Fernblick
Waldlehrpfad (geplant)
Karten: Freytag & Berndt WK Nr. 234, 1:50 000

Der Plöschenberg ist eine 802 m hohe Erhebung im Bereich des Sattnitz-Mittelgebirges, welches sich zwischen dem Seental im Norden (mit Rauschelesee, Baßgeigensee , Keutschachersee und Hafnersee) und dem Rosental im Süden in westöstlicher Richtung erstreckt. Wegen seiner schönen Aussicht – die Kuppen und Anhöhen sind vielfach unbewaldet und erlauben daher einen schönen Rundblick – ist der Plöschenberg ein beliebtes Ausflugsziel. Unser Wanderweg beginnt beim Gasthof Plöschenberg und führt zunächst zur kleinen Ortschaft Wurdach: hier verwüstete vor einigen Jahren eine Horde Wildschweine mehrere Felder, dem Wanderer werden sie als scheue Tiere jedoch kaum begegnen! Durch schöne Mischwälder wandern wir weiter zu einer wunderschönen großen Wiese, an deren Nordrand die Felsen steil abfallen. Von hier aus genießen wir den herrlichen Ausblick ins Seental. Kurz vor dem Abstieg durch felsiges Gebiet fällt ein großes Loch auf – es ist dies ein Bombentrichter aus dem Zweiten Weltkrieg. In der Nähe des Gehöfts Opferholz steht am Weg ein alter Grenzstein mit der Aufschrift BV 1763, er markiert den Punkt, wo die Gemeindegrenzen von Köttmannsdorf, Klagenfurt und Keutschach zusammenstoßen.

Wegverlauf

Ausgangspunkt ist der Landgasthof Plöschenberg. Entlang der Straße wandern wir zunächst bis zur Buschenschenke Kesnar, dann auf den Feldweg Richtung Wurdach. Dort biegen wir vor dem Feuerwehrhaus nach rechts ab (Weg Nr. 36/33 zum Rauschelesee). Nach einem Wald eröffnet sich unserem Auge eine große Wiese, an deren Nordrand steile Felswände abfallen (Vorsicht!). Etwa am Ende der Wiese biegen wir nach links hinunter den Weg Nr. 33 ab. Hier kurzer, steiler Abstieg durch Felsen (mit Stangen gesichert). Bei der Wegkreuzung nehmen wir den Weg Nr. 34 A nach Opferholz (rote Punkte). Hinter dem Gehöft liegt eine Wegkreuzung, wir gehen rechts an dem Grenzstein vorbei (Weg Nr. 33) durch den Wald steil bergauf auf eine große Wiese mit schönem Ausblick und zurück zum Gasthof.

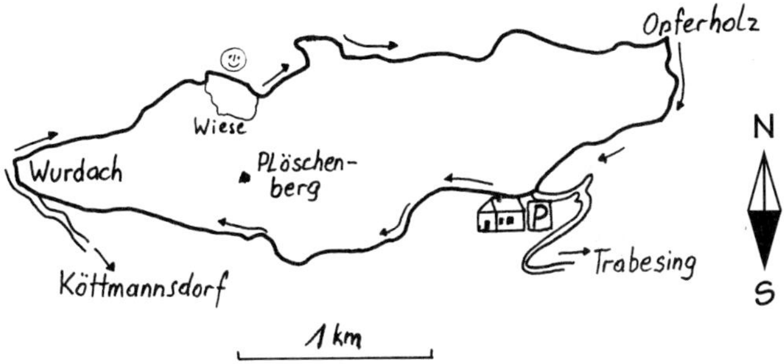

12 ZAUBERWALD RAUSCHELESEE

Gehzeit: 1–2 Std./

Märchenwelt im Wald

Alter: ab 2 Jahre
Ausgangspunkt: Gasthaus Pension Reichenhauser
Busverbindung: Bundesbus Linie 5316, Haltestelle Höflein
Wegverlauf: Gasthof Reichenhauser – Wald und zurück
Stützpunkt: Familienparadies Reichenhauser
Was allen Spaß macht: Märchenfiguren im Wald
Spielmöglichkeiten
Karten: sind nicht erforderlich

Ein Erlebnis der besonderen Art für Kinder ist der erst jüngst eröffnete und eingerichtete Zauberwald direkt neben dem lieblichen kleinen Rauschelesee, der südlich der Straße von Viktring/Klagenfurt nach Keutschach liegt. Die besonders kinder- und familienfreundliche Pension Reichenhauser hat diesen Waldpark mit viel Liebe, Mühe und Arbeit in eine kindliche Märchenwelt verwandelt. Alle Darstellungen sind aus natürlichen Materialien und Farben angefertigt. Die Eltern sind hier auch als unterstützende Märchenerzähler und Spielkameraden gefordert!
Der Zauberwald öffnet im April seine Pforten (der genaue Zeitpunkt ist vom Wetter abhängig), von 1. Mai bis zum 5. Oktober ist ein Besuch täglich von 10 bis 19 Uhr möglich. Für Kinder bis zu 6 Jahren zahlt man öS 25.–, bis 16 Jahre öS 30.–, für Eltern in Begleitung der Kinder ist der Eintritt frei.

Wegverlauf

Der Weg beginnt am Imbißplatz mit Go-Cart-Bahn. Es folgt eine Elfenallee, an deren Ende wir ein Einhorn finden, vorbei an einem Hexenbrunnen mit vielen Masken, Zauberquellen, Zwergenbergwerk – mit Schiebetruhen zum Hineinsitzen – Froschkönigbrunnen, Wilde Jagd, Hexen auf Bäumen, Reich des Wassermannes. Geschickte können über Baumbrücken klettern. Wir gelangen zum Pfad der Waldgeister, ins Indianerland mit Baumhäusern und Zelten, hölzerne Hirsche und Rehe laden zum Draufsetzen ein, Moosgeister säumen den Weg, wir können auf einer Rutsche durch das Drachenloch gleiten und in der „Finsterburg der großen Eule" herumkraxeln oder nur sitzen. Das Reich der Wilden, der Hexentanzplatz der Turjahexen, Schaukeln und ein Sandspielplatz in

Form eines Drudenfußes laden zum Spielen und Verweilen ein. Im Märchenwald finden wir den Fuchs, den Zauberer, die Sieben Geißlein, den Gestiefelten Kater und viele andere Märchen- und Phantasiefiguren. Im kleinen Waldtheater kann jeder (Eltern oder Kinder) für sich selbst Schauspieler oder Zuschauer sein.

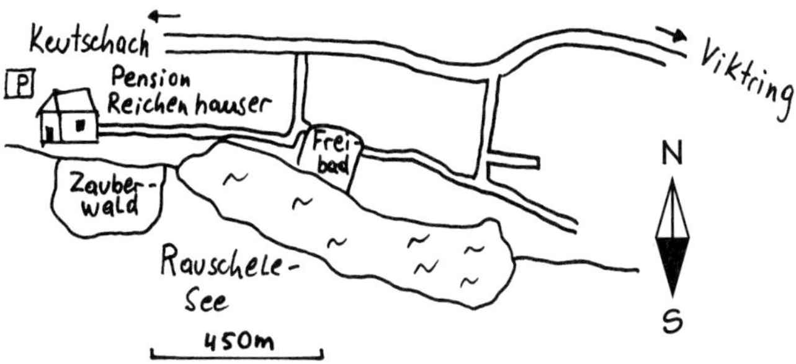

13 PYRAMIDENKOGEL *Gehzeit:* 2 1/2–3 Std./

Zum schönsten Aussichtsberg Mittel- und Unterkärntens

Alter: ab 6 Jahre
Ausgangspunkt: Maria Wörth, östl. Ortseinfahrt
Busverbindung: Bundesbus Linie 5310
Wegverlauf: Maria Wörth – Pyramidenkogel – Panoramaweg – Maria Wörth
Stützpunkt: Aussichtsturm Pyramidenkogel mit Cafe-Restaurant
Was allen Spaß macht: Aussichtsturm mit Plattform, Kinderspielplatz Streichelzoo
Karten: Freytag & Berndt WK Nr. 233, 1:50 000

Gute Kondition benötigt man schon, wenn man den Pyramidenkogel von Maria Wörth aus bezwingen will! Der Weg ist zwar steil, aber abwechslungsreich: er führt durch lichten Mischwald entlang steiler Waldhänge, durch moosbewachsene, tief eingeschnittene Hohlwege und an Felsen vorbei bis an die Straße, welche vom Süden her auf den Pyramidenkogel führt. Am Gipfel des 851 m hohen Berges befindet sich ein 54 m hoher Aussichtsturm, von wo aus wir einen herrlichen Rundblick über ganz Kärnten – von den Hohen Tauern zu Sau- und Koralpe, den Karawanken und Steiner Alpen – genießen. Zu unseren Füßen breiten sich unter der bewaldeten Kuppe der Wörthersee im Norden und die Seen des Keutschacher Tales im Süden aus. Die Öffnungszeiten für Aussichtsturm und Restaurant sind im April und Oktober von 10–18 Uhr, im Mai und September von 9–19 Uhr, im Juni 9–20 Uhr und im Juli und August 9–22 Uhr. Ein Tip für die nicht ganz so Sportlichen: Man kann mit dem Bus von Keutschach aus auf den Gipfel fahren und nach Maria Wörth hinunterwandern.

Wegverlauf

Wir stellen das Auto auf einem Parkplatz im Zentrum Maria Wörths ab und gehen zur Süduferstraße. Gleich gegenüber der östlichen Ortseinfahrt beginnt der St. Anna-Weg, von dem nach ca. 200 m der Wanderweg Nr. 6 nach rechts auf den Pyramidenkogel abzweigt. Wir queren den Panoramaweg und gehen zielstrebig den Weg Nr. 6 weiter, bis links ein Gehöft auftaucht. Von da an ist es nicht mehr so steil, wir erreichen einen Feldweg und gehen weiter bergauf. Bei einer großen Villa links vom Weg haben wir einen schönen Blick nach Süden. Gleich danach biegen wir wieder rechts in den Waldweg mit der Markierung Nr. 6 ein und folgen diesem, bis wir die asphaltierte Straße zum Gipfel erreichen. Nach ausgiebiger Rast wählen wir für den Rückweg den Wanderweg Nr. 5, der beim untersten Parkplatz Richtung Trattnigteich weiterführt. Ein breiter Fortstweg führt in langgezogenen Serpentinen durch den schönen Gildwald nach unten. Um den Weg etwas abzukürzen, biegen wir nach rechts in den Panoramaweg ein und erreichen Maria Wörth schließlich nahe der westlichen Ortseinfahrt.

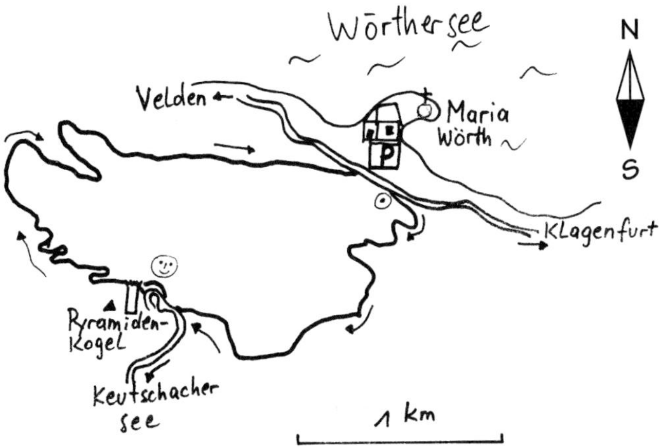

Im Zauberwald – Märchenwelt im Wald (Tour 12)

Ausblick vom Pyramidenkogel (Tour 13)

Bei den Spintikteichen (Tour 14)

14 SPINTIKTEICHE *Gehzeit:* 3 Std./

Wo Schwingrasen und Sonnentau wachsen

Alter: ab 5 Jahre
Ausgangspunkt: Parkplatz Strandbad Maiernigg
Busverbindung: Bundesbus Linien 5310 oder 5314
Wegverlauf: Parkplatz Maiernigg – Sekirn – Spintikteiche – Schrottbauer – Maiernniggalpe – Parkplatz
Stützpunkt: Gasthof Schrottbauer, Fam. Lausegger
Was allen Spaß macht: Baden im Teich
schöner Wald
Spielplatz beim Gasthof
Karten: Freytag & Berndt WK Nr. 233, 1:50 000

Wer möchte nicht einmal den schwankenden Boden eines Schwingrasens unter den Füßen fühlen und nach dem Sonnentau, einer fleischfressenden Pflanze, suchen? Allen, die unberührte Natur und botanische Besonderheiten lieben, ist ein Besuch der Spintikteiche sehr zu empfehlen. Südlich von Sekirn – zwischen Wörthersee und Keutschacher Seental gelegen – zählt dieses naturnahe, landschaftlich sehr reizvolle Gelände schon seit 1958 als Naturschutzgebiet. Die Teiche sind sehr seicht und verlanden teilweise, am oberen Teich wächst ein Schwingrasen in die offene Wasserzone hinein. Wer genau schaut, findet die kleinen klebrigen Blätter des Sonnentaus. Da der Moorboden sehr nährstoffarm ist, fangen diese Pflanzen mit ihren Blättern kleine Insekten und verdauen sie, um so die lebensnotwendigen Mineralstoffe zu gewinnen. Binsen, Seggen und Moorkiefern mit krüppelhaftem Wuchs sind typisch für die Hoch- und Zwischenmoorpflanzengesellschaften. Es gibt aber auch eine Stelle am oberen Teich, wo das Baden erlaubt ist – an heißen Sommertagen sollte man unbedingt davon Gebrauch machen! Der Rückweg führt beim Gasthof Schrottbacher vorbei, wo ein Kinderspielplatz zum Verweilen einlädt.

Wegverlauf

Ausgangspunkt ist der Parkplatz beim Strandbad Maiernigg am Südufer des Wörthersees. Wir folgen Weg Nr. 19, zunächst geht es steil bergan. Der Weg ist durch rote Punkte markiert und führt dann bergauf und bergab bis knapp vor den ersten Teich; wir biegen links in den Weg Nr. 17 ein, der östlich des unteren Teiches vorbeiführt.

Den oberen Teich umrunden wir auf den Wegen Nr. 20 A und Nr. 20 B und gehen weiter den Weg links von dem nach Pertitschach. Nun gelangen wir zu einer Wiese mit zwei großen Bäumen, dann folgen wir wieder Weg Nr. 17. Wir gehen dort links und bei der nächsten Wegkreuzung rechts Weg Nr. 17 B/35, Markierung roter Punkt in weißem Kreis. Dann folgen wir Weg Nr. 18 Richtung Leisbach; bevor der Weg rechts nach Leisbach abbiegt, gehen wir halblinks Richtung Osten weiter, um dann einen steilen Feldweg Richtung Schrottkogel und Gasthof Schrottbauer zu erreichen. Von dort geht es, der Markierung Nr. 35 Richtung Klagenfurt / Maierniggalpe folgend, nur mehr bergab. Von letzterer leitet die Markierung Nr. 37 zurück zum Ausgangspunkt.

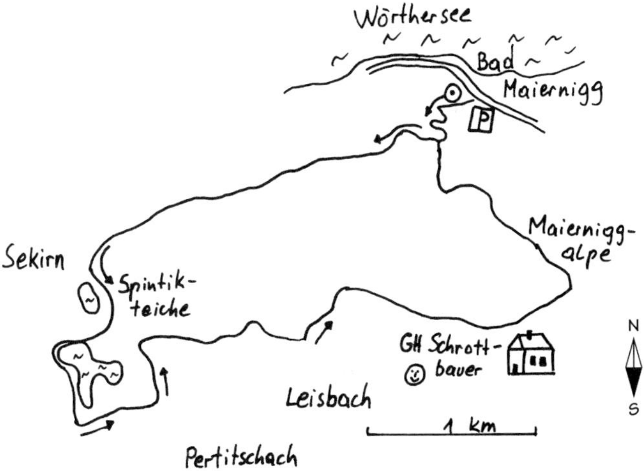

15 DRASING UND HORNSTEIN *Gehzeit:* $1^1/_2$ Std./

Zwei Schlösser, versteckt im Wald

Alter: ab 3 Jahre
Ausgangspunkt: Bahnhof Krumpendorf
Bahn- bzw. Busverbindung: ÖBB-Linie Klagenfurt – Villach, Haltestelle Krumpendorf ; Bundesbus Linien 5179 bzw. 5321
➜ *Wegverlauf:* Bahnhof Krumpendorf – Aussicht Nord – Suezecke – Hornstein – Drasing – Bahnhof
Stützpunkt: Gasthof Sommer bei Drasing (nur im Sommer geöffnet), Gasthöfe in Krumpendorf
Was allen Spaß macht: zwei Schlösser im Wald schöne Waldwege und Wiesen
Karten: Freytag & Berndt WK Nr. 233, 1:50 000

Was mag wohl die Schloßherren von Drasing und Hornstein bewogen haben, ihre Schlösser in den einsamen Wäldern des Nohrenberges (638 m) nördlich des bekannten Kurortes Krumpendorf zu erbauen? Wir verdanken ihnen jedenfalls ein reizvolles Wanderziel, das auf bequemen und gut beschilderten Wanderwegen in kurzer Zeit von Krumpendorf aus erreichbar ist. Schloß Drasing wurde im 16. Jahrhundert im Renaissance-Stil erbaut, Schloß Hornstein stammt aus dem 15. Jahrhundert. Beide Schlösser sind heute in Privatbesitz und leider nur von außen zu besichtigen. Der Weg führt vom Bahnhof zunächst über eine asphaltierte Straße unter der Autobahn hindurch in einen lichten Buchenwald; an der Abzweigung des Weges von der Straße steht ein Haus mit einer Trapezanlage, die jedem Zirkus Ehre machen würde! Durch den Wald geht es zunächst zum Aussichtspunkt Suezecke, wo wir einen schönen Blick auf den Wörthersee genießen, dann über eine große Wiese (im Sommer Viehweide) zur Straße, die zum Schloß Hornstein und weiter zum Schloß Drasing führt. Dort gibt es Gelegenheit zu ausgiebiger Rast und Spielpause! Der Weg zurück führt durch Nadelwald, wo noch erstaunlich viele Tannen stehen. Diese Baumart ist durch die Luftverschmutzung stark bedroht und in den Höhenlagen unter 1000 m Seehöhe nicht mehr so oft anzutreffen.

Wegverlauf

Der Wanderweg beginnt gleich gegenüber dem Bahnhof – grünes

Schild mit der Bezeichnung Aussicht Nord, Suezecke, Hornstein, Drasing. Zunächst gehen wir der Straße nach bergauf, dann einen kleinen Fußweg zur Abkürzung und gelangen wieder auf die Straße. Weiter geht's unter der Autobahn hindurch und zum Aussichtspunkt Nord, wo wir einen ersten schönen Rundblick auf den See genießen. Vor dem Haus mit der Trapezanlage gehen wir geradeaus über die Wiese und stoßen auf einen Waldweg, wo wir nach rechts abbiegen (Markierung C, bzw. Schilder mit Aufschrift). Bei einem Holzkreuz mit Bank vorbei geht es zum Aussichtspunkt Suezecke und über eine Wiese zur nicht asphaltierten Straße nach Hornstein und Drasing. Gleich nach Schloß Drasing biegen wir links in den Wanderweg Richtung Krumpendorf ein, ein Verirren ist bei der guten Beschilderung nicht möglich. Wir folgen der Aufschrift „Krumpendorf" bzw. „Bahnhof" und wandern zum Ausgangspunkt zurück.

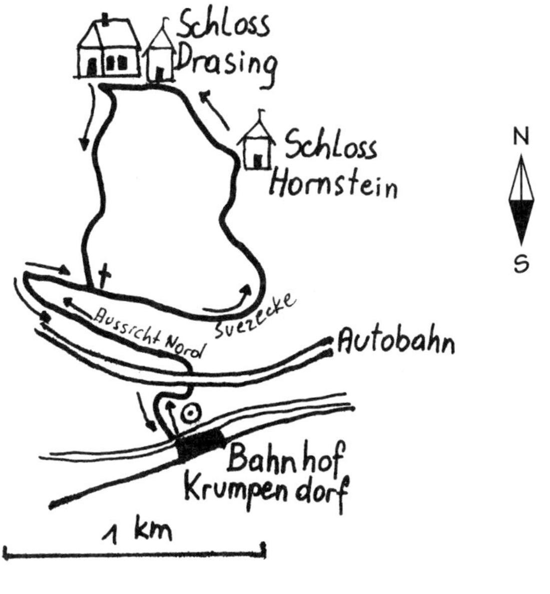

16 HAIDENSEE *Gehzeit:* $2^1/_2$–3 Std./

Toteislandschaft und Ruine im Glantal

Alter: ab 5 Jahre
Ausgangspunkt: Bahnhof Tauchendorf
Bahnverbindung: ÖBB-Linie St. Veit–Feldkichen
Wegverlauf: Bahnhof – Zweikirchen – Ruine Hardegg – Haidensee – Bahnhof
Stützpunkt: Gasthof Haidensee, Fam. Götzhaber
Was allen Spaß macht: Spielen bei der Ruine Hardegg
kleine Teiche im Wald
Baden im Haidensee
Karten: Freytag & Berndt WK Nr. 233, 1:50 000

Wie ein See im Krater eines erloschenen Vulkans liegt der Haidensee in einer fast kreisrunden Einsenkung, rings von lichten Föhrenwäldern mit dichtem Schwarzbeerunterwuchs umgeben. Er ist ein Überbleibsel aus der Eiszeit: Ein großer Eiskörper blieb beim Zurückweichen der Gletscher liegen, wurde mit Geröll und Schotter bedeckt und schmolz dann langsam ab. So entstand die steile Vertiefung im Untergrund, die vom Wasser des Sees aufgefüllt wurde. An einer anderen Stelle sehen wir einen ähnlichen Trog, doch befindet sich dort kein See, sondern ein kleiner Sumpf. Solche Geländeformen bezeichnet man als Toteislandschaften. Der idyllische Haidensee wird auch als Badesee genützt, wegen seiner Kleinheit darf man jedoch kein Sonnenöl verwenden, und auch Hunde haben keinen Zutritt! Für die Reinhaltung der Wiesen wird ein Eintritt von öS. 25.– beim Besitzer und Wirt des Gasthofes bezahlt. Die Ruine Hardegg, welche wir zuerst auf unserer Wanderung besuchen, wurde im Jahre 1134 erstmals urkundlich erwähnt und war einst eine der Hauptburgen rund um St. Veit, verfällt jedoch seit dem 17. Jahrhundert. Sie liegt nordwestlich von Zweikirchen auf einem Bergrücken hoch über dem Glantal; am Weg dorthin kommen wir an einigen kleinen Teichen vorbei.

Wegverlauf

Vom Bahnhof aus gehen wir quer über den Glantalboden und über die Glan zum Waldrand, dort führt eine schmale, asphaltierte Straße Richtung Haidensee, welche wir leicht bergauf gehen. Bei der Abzweigung Richtung Haidensee bleiben wir auf der Straße und gehen Richtung Zweikirchen weiter, Wegmarkierung weiß-rot. Bei den ersten Häusern biegen wir nach rechts, Richtung Ruine Hardegg. Nach Besichtigung der Ruine gehen wir an einem kleinen Teich vorbei weiter (weiß-rot) und folgen dem Forstweg bis zu einem Holzlagerplatz. Dort nehmen wir den linken Weg und gelangen bald auf eine große, steile Wiese. Am unteren Rand entlang geht es bis zu einem Bauernhof, Wegmarkierung weiß-rot am Zaun. Der Feldweg führt rund um einen Acker (der Markierung folgen!), allerdings kann auch der schmale Weg mit umgepflügt worden sein! Wir biegen dann in einen schmalen Weg steil bergab ein, kommen auf einen alten Forstweg, dort wieder in spitzem Winkel rechts und weiter zu einer kleinen Siedlung am Talboden. Von dort führt der gut markierte Weg zum Haidensee und wieder zurück zur schmalen Straße Richtung Tauchendorf.

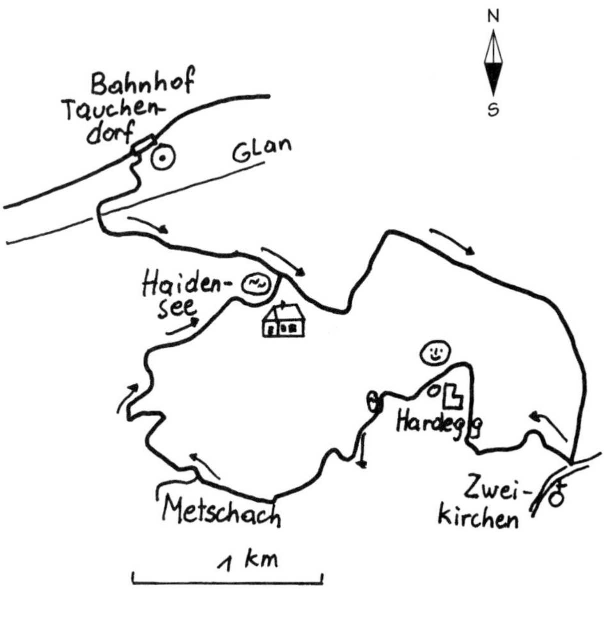

17 WUNDERRIEGEL *Gehzeit:* 2–2 1/2 Std./

Von der Wegscheide bis zum Schneebauer

Alter: ab 5 Jahre
Ausgangspunkt: Gasthof Wegscheider
Der Ausgangspunkt ist mit öffentlichen Verkehrsmitteln nicht erreichbar
Wegverlauf: Gasthof Wegscheider – Schneebauerhütte und zurück
Stützpunkt: Gasthof Wegscheider, Schneebauerhütte
Was allen Spaß macht: schöne Ausblicke
Waldwege und Lichtungen
Wiesen zum Spielen
Karten: Freytag & Berndt WK Nr. 231, 1:50 000

Die Mittelgebirgslandschaft der Wimitzer Berge lädt besonders wegen ihrer Lieblichkeit und Sanftheit zum Wandern ein. Wir bewegen uns in einer Höhe um 1200 m. Bei dieser Wanderung umrunden wir den Wunderriegel (1274 m), und bei einiger Phantasie stellen wir uns vor, daß hier Elfen und Wichtelmänner ihre Behausungen haben könnten. Vor ungefähr zweihundert Jahren – in der Franzosenzeit– stand dieses Gebiet unter dem Einfluß des Wolscharträubers „Krapfenbäck-Simale", der – gleich Robin Hood – die Reichen und Mächtigen beraubte und den Armen half. So soll er in den verschiedensten Verkleidungen die Franzosen immer wieder hinters Licht geführt haben. Er ist im Gasthof Wegscheider von den Franzosen erschossen worden. Seine Lebensgeschichte wird uns in dem Film „Simon Krämer" mit seinen vielfältigen Abenteuern und Schurkereien anschaulich vergegenwärtigt.

Wegverlauf

Wir gehen vom Gasthaus Wegscheider auf der Straße Richtung Sörg. Nach ca. 250 m biegt der Weg links Richtung Steinbichl ab. Wir folgen ihm etwa 50 m, biegen dann nach rechts in den Wald ab und folgen der Markierung weiß-rot-weiß. Nach einigen hundert Metern gelangen wir zu einer Lichtung und behalten die Richtung bei. Links zweigt der Weg nach Steinbichl ab. Der Weg führt nun bergan, und nach einem Zaun beginnt der Rundweg um den Wunderriegel. Wir nehmen den rechten, am Südhang (Sonnenhang) entlangführenden und orientieren uns jetzt an der weißen Punktmarkierung. Der Weg verläuft etwa in gleichbleibender Höhe nach Osten, bis wir zu einer Lichtung und Wegkreuzung gelangen. Der geradeaus führende Weg weist zum Schneebauer, der linke in spitzem Winkel zurückführende Richtung Steinbichl (wir werden ihn später zurückgehen). Etwa einen Kilometer weiter gelangen wir zur Schneebauerhütte (schöne Ausblicke auf die Karawanken, südöstlich unter uns sehen wir von einigen Stellen die Kirche von Sörg). Der Weg zurück führt uns etwa auf die Höhe des Wunderriegels zuerst Richtung Steinbichl (weiß-rot-weiße Markierung) etwas bergauf, und bei einer Wegkreuzung am höchsten Punkt wenden wir uns nach links Richtung Gasthof Wegscheider.

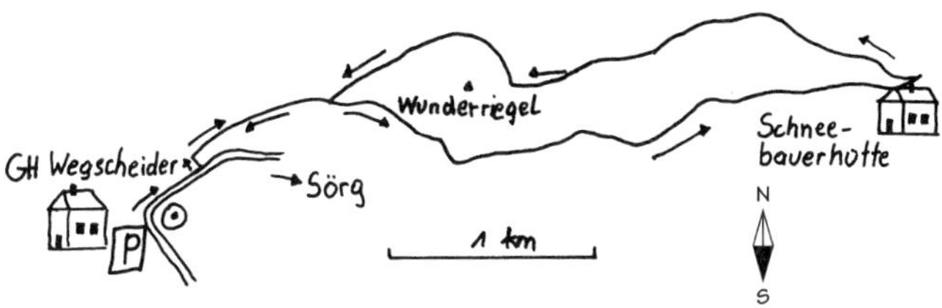

18 GURK

Gehzeit: 3 Std./

Zum Dom der hl. Hemma

Alter: ab 5 Jahre
Ausgangspunkt: Gurker Domplatz
Busverbindung: Bundesbus Linie 5377
Wegverlauf: Domplatz – Heidenbrunnen – St. Peter – Olschnitz – Glabötsch – Domplatz
Stützpunkt: Gasthöfe in Gurk, Oberlinder
Was allen Spaß macht: Heidenbrunnen
Zwergenpark
Spielplatz beim Oberlinder
Karten: Freytag & Berndt WK Nr. 231, 1 : 50 000 bzw. Wanderkarte der Gemeinde Gurk

Der Dom zu Gurk ist einer der bedeutendsten romanischen Kirchenbauten Österreichs. Hemma von Gurk soll der Überlieferung nach zwischen 1043 und 1045 hier ein Kloster gegründet haben; der Baubeginn des Domes ist ungewiß, er wurde jedenfalls vor 1220 fertiggestellt. Bis zum Jahre 1788 war Gurk Bischofssitz. Nicht nur wegen des berühmten Domes ist Gurk ein beliebtes Ausflugs- und Urlaubsziel: Über 100 km Wanderwege erschließen die unberührte Natur der Berge rund um Gurk, und viele Bauernhöfe bieten ihren Gästen Urlaub in familiärer Atmosphäre. Gleich neben dem Dom befindet sich der Zwergenpark, der sich bei den Kleinsten großer Beliebtheit erfreut. Wir wandern auf unserer Tour daran vorbei, in die Heidenwälder Richtung Norden. Dort befindet sich der sogenannte „Heidenbrunnen“: ein tiefes Loch im Boden, bei dem im Mittelalter Gericht gehalten wurde. Einem Gottesurteil blieb es überlassen, ob der Beschuldigte mit seinem Leben davonkam oder nicht! Der Weg führt durch wunderschöne Wälder und Wiesen mit schönen Ausblicken zum Gehöft Oberlinder, wo wir uns mit einer zünftigen Brettljause stärken können. Für die Kinder gibt es einen Spielplatz und Ponys zum Reiten.

Wegverlauf

Ausgangspunkt ist der Domplatz in Gurk. Wir gehen nach Norden entlang der Bundesstraße, überqueren sie Richtung St. Peter und gehen dann eine asphaltierte Straße bergauf, nehmen anschließend die Abzweigung nach links, Richtung Ranitz, und gehen dort nach Westen bergauf (Wegmarkierung grün). Beim Gehöft

Binder wandern wir rechts oberhalb in den Wald und halten uns an den grün markierten Weg. Rechts liegt dann eine Lichtung mit dem Heidenbrunnen. Nach 200 m geht es rechts durch den Wald Richtung St. Peter und über ein kurzes Stück Asphaltstraße, wir biegen dann nach rechts Richtung Lind ab. Hier erreichen wir den Wendepunkt unserer Tour, die Jausenstation Oberlinder. Der Rückweg führt bergab, geradewegs über eine Wiese bis zum Waldrand (nicht der Straße nach links folgen!). Walddurchgang bis zur Kapelle, danach Gehöfte in Olschnitz. Wir biegen in steilem Winkel nach rechts auf den Weg ein und gehen bis zur Wegkreuzung mit einem Holzkreuz , dort überqueren wir die Straße, halten die Richtung und gelangen nach Glabötsch. Die Straße führt dann zurück nach Gurk.

Ruine Liebenfels (Tour 17)

Der Gurker Dom (Tour 18)

Blick auf die mittelalterliche Stadt Friesach (Tour 20)

19 GRADES

Gehzeit: 2 Std./

Zur Wehrkirche gegen die Türken

Alter: ab 5 Jahre
Ausgangspunkt: Hauptplatz in Grades
Busverbindung: Bundesbus Linie 5390
Wegverlauf: Hauptplatz – Kirche St. Wolfgang – Straße Richtung Feistritz – Obermoser – Hauptplatz
Stützpunkt: Gasthöfe in Grades
Was allen Spaß macht: Wehrkirche mit Schießscharten
Wandern am Bach entlang
Hochsitze
Karten: Karte des Bundesamtes für Eich- und Vermessungswesen Nr. 185, 1 : 25 000

Hoch über einer Talenge des Metnitztales liegt die Burg Grades, welche die Bischöfe von Gurk im 12. Jahrhundert als Wegsperre errichteten. Der Ort selbst liegt auf einer breiten Terrasse, schöne alte Häuser finden wir an der Hauptstraße und dem Marktplatz mit der ursprünglich romanischen Pfarrkirche. Westlich des Marktes liegt auf einer Anhöhe die Wehrkirche St. Wolfgang, umgeben von einer hohen Mauer mit Schießscharten, welche zwischen 1453 und 1474 erbaut wurde. Einer Sage nach wurde der Baumeister, welcher die Kirche erbaute, nicht rechtzeitig mit dem Bau fertig. So verbündete er sich mit dem Teufel. Dieser versprach, die Kirche bis zum nächsten Morgen zu erbauen, dafür wäre das erste lebende Wesen, daß aus der Kirche komme, ihm verfallen. Wirklich war die Kirche am nächsten Tag fertig. Den Baumeister drückte jedoch sein Gewissen und er besprach sich mit den übrigen Bürgern, was zu machen sei; so beschlossen sie, einen Wolf in die Kirche zu treiben. Als der Teufel sein Opfer holen wollte, lief der Wolf aus der Kirche. Wütend zerriß der Teufel das arme Tier, und zur Erinnerung daran wurde die Kirche dem heiligen Wolfgang geweiht.

Wegverlauf

Ausgangspunkt ist der Hauptplatz in Grades. Wir gehen zur Kirche St. Wolfgang (Schlüssel im Ort, Schlüsselinhaber in einem der Gasthöfe zu erfragen). Weiter die Straße nach Feistritz, nach etwa drei Kilometern biegen wir rechts in den Weg zum Obermoser ein. Wir kommen an einem kleinen Bach vorbei, nach dem Obermoser bergauf über eine Forststraße bis zum Graben. Dort gehen wir

rechts vom Bach den Weg Nr. 2, später Nr. 6 vorbei an den beiden Sportplätzen bis zum Ausgangspunkt.
Als zweite Wandermöglichkeit – speziell mit kleineren Kindern – bietet sich der erst vor kurzem eingerichtete Märchenwanderweg an. Er beginnt und endet beim Gasthof Knafl in Grades, entlang des Weges sind Märchenfiguren wie z.B. Rapunzel, Der gestiefelte Kater, Schneewittchen, Frau Holle und viele andere mehr aufgstellt.

Besonderheiten der Umgebung

Totentanzmuseum in Metnitz (spätmittelalterliche Fresken), geöffnet Mitte Mai bis Ende Oktober täglich 10–12 Uhr und 14–17 Uhr, außerhalb dieser Zeiten nach Vereinbarung (Röm.-kath. Pfarramt Metnitz, Tel. 04267/251)

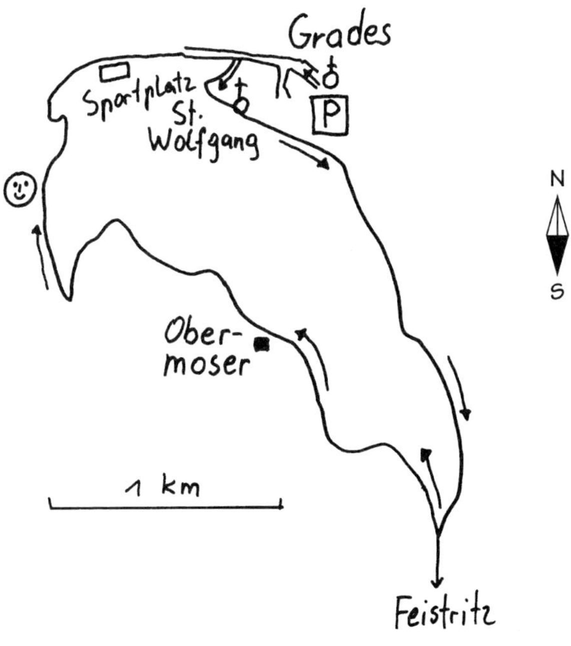

20 FRIESACH *Gehzeit:* 2–2½ Std./

Wanderung durch eine mittelalterliche Stadt

Alter: ab drei Jahre
Ausgangspunkt: Parkplatz nördlich hinter Fürstenhof
Busverbindung: Bundesbus Linie 5371
Wegverlauf: Fürstenhof – Wienerstraße – Stadtgraben Grabenring – Herrengasse – Nadlergasse Ruine Virgilienberg – Egydigasse – Ruine Rotturm – Sackgasse – Petersberg – Wächtersteig oder Narrensteig – Fürstenhof
Stützpunkt: verschiedene Gasthöfe in der Innenstadt, Burgrestaurant am Petersberg
Was allen Spaß macht: Erforschen der Ruine
Wassergraben
Rittermahl
Folterkammermuseum
Karten: Stadtplan der Stadtgemeinde Friesach

Die im Mittelalter gegründete kleine und liebliche Stadt Friesach hat viel von ihrem mittelalterlichen Stadtbild bewahrt. Man kann heute noch die großteils unversehrte Zinnenringmauer und den sie umgebenden Stadtgraben – beide fast einen Kilometer lang – sehen. Friesach war Stützpunkt der Salzburger Bischöfe. Im 13. Jahrhundert fand hier ein großes Ritterturnier statt. Zahlreiche Bürgerhäuser zeugen vom ehemaligen Reichtum dieser Stadt. Burgen, Ruinen, Kirchen und schmucke Häuser prägen das Stadtbild.
Aber nicht nur für Kulturinteressierte, sondern speziell auch für Kinder hat die Stadt einiges zu bieten. So folgende Veranstaltungen: im Juni das „Kinderritterturnier“, im Juli / August die „Friesacher Märchensonntage“ und zu Weihnachten das „Friesacher Weihnachtsspiel“. Besonders interessant ist schließlich die Kinderwalkmanführung durch die Altstadt.

Wegverlauf

Der Weg beginnt am Parkplatz des Fürstenhofes, von dort ein paar Meter entlang der Wienergasse stadtauswärts kommen wir zum Stadtgraben und wandern bis zum Olsa Tor; dort finden wir einen Pranger und einen an einer Kette hängenden Eisenkorb, in dem man Leute zur Bestrafung in das Wasser des Stadtgrabens hinab-

ließ. Wir überqueren nun die Brücke und gehen außerhalb des Stadtgrabens bis zu dessen südlichem Ende, weiter durch die Herrengasse, Nadlergasse, und Egydigasse auf den Virgilienberg, wo wir eine Kirchenruine erforschen können.
Von dort gehen wir wieder in die Egydigasse und entlang des Burgenweges zum Rotturm und weiter zum imposanten Bergfried der Ruine Petersberg. Dort befindet sich das Stadtmuseum, und in der Ruine daneben werden in einem Freilichttheater im Sommer vorwiegend komische Stücke aufgeführt. In der Burgschenke können wir gegen Voranmeldung ein lustiges Rittermahl mit mittelalterlicher Gerichtsverhandlung und Urteilsvollstreckung miterleben (Dauer ca. 3 Stunden). Von hier gehen wir entweder über den Wächtersteig zum Dominikanerinnenkloster und durch die Wienerstraße zurück zum Fürstenhof, oder über den Narrensteig mit seinen 354 Stufen zum Hauptplatz und von dort über die Wienerstraße zurück zum Parkplatz Fürstenhof.

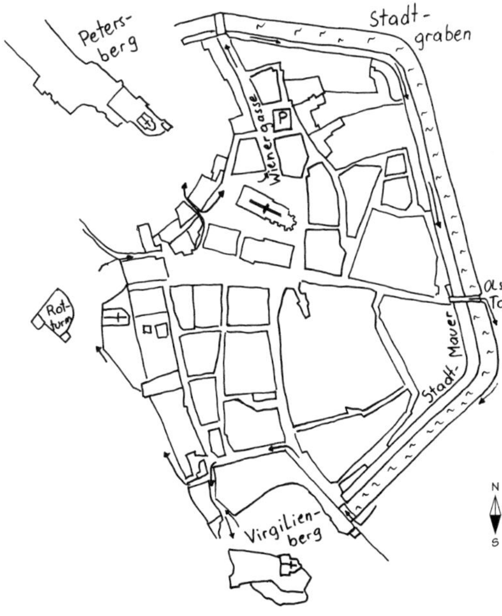

21 KNAPPENBERG

Gehzeit: 2 1/2–3 Std./

Wo schon die Kelten Erz abbauten

Alter: ab 5 Jahre
Ausgangspunkt: Parkplatz beim Schaubergwerk
Busverbindung: Bundesbus Linien 5394 und 5396
Wegverlauf: Schaubergwerk – Rudolfshöhe – Andreaskreuz – Großkoll – Staining – Obergossen – Knappenberg
Stützpunkt: Gasthöfe in Knappenberg und Hüttenberg
Was allen Spaß macht: Schaubergwerk
Wandern über alte Halden
Ruinen der Bergwerkshäuser
Pulverturm
Karten: Freytag & Berndt WK Nr. 236, 1:50 000 bzw.Wanderkarten der Gemeinde Hüttenberg

Mehr als 2500 Jahre lang wurde im Bereich Hüttenberg Eisenerz abgebaut. Schon die Kelten verarbeiteten es zum berühmten „Norischen Eisen“, welches später im Römischen Reich eine geschätzte Handelsware war. Erst Ende der siebziger Jahre unseres Jahrhunderts wurde der Bergbau in Hüttenberg endgültig geschlossen; diesen wirtschaftlichen Niedergang haben die Bewohner des Tales bis heute noch nicht verkraftet. Um so liebevoller pflegen sie die uralten bergmännischen Bräuche wie den Hüttenberger Reiftanz, und rund um die alten Bergbaugebiete führen Wanderwege zu den letzten noch sichtbaren Relikten eines ehemals blühenden Industriegebietes. Unser Wanderweg führt uns mitten durch die alten Halden und an den Ruinen der montanhistorischen Anlagen vorbei; heute bedeckt dichter Hochwald die Landschaft, die noch vor hundert Jahren durch die Halden und Stollen des Bergbaus geprägt war.

Wegverlauf

Der Weg führt zunächst nach dem Schaubergwerk bergauf und dann links Richtung Rudolfshöhe (Markierung Nr. 2).
Kurz vor der Anhöhe steht rechts in einer Wiese ein Pulverturm. Beim Stoffenkreuz auf der Rudolfshöhe war seit alter Zeit ein Sammelpunkt der Knappen bei festlichen Anlässen. Hier gehen wir den Wanderweg Nr. 3 (grün-rot-grün) durch den Wald weiter und kom-

men zum Andreaskreuz (Schild Antonistollen), immer im Bereich der alten Halden. Wir erreichen eine Straße, biegen dann gleich links ab und passieren den alten Gewerkensitz Stronachhof. Der Weg zweigt später nach Großkoll ab, kurz vor den Häusern gehen wir rechts bergab. Nach einer kleinen Brücke wandern wir an den Ruinen von Staining – Barbarastollen vorbei, gehen den Wanderweg Nr. 3 weiter zu einer nicht asphaltierten Straße und kehren nach Knappenberg zurück.

Besonderheiten der Umgebung

Schaubergwerk und Geozentrum in Knappenberg (April–Oktober geöffnet, 10–17 Uhr)
Heinrich Harrer–Museum in Hüttenberg (1. April–31.Oktober, täglich geöffnet von 10–17 Uhr)
Ausstellungszentrum Heft
Lingkor – Tibetischer Pilgerpfad in Hüttenberg
Puppenmuseum in Hüttenberg (1. Mai–30. September, täglich geöffnet von 10–12 Uhr und 13–17 Uhr)

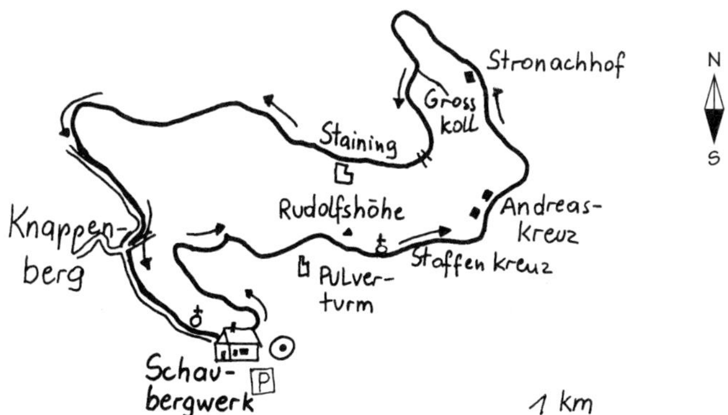

22 RUINEN HORNBURG *Gehzeit:* 2–2½ Std./

Ruinen im ehemaligen Bergbaugebiet

Alter: ab 6 Jahre
Ausgangspunkt: Klein St. Paul, Tennisplatz (im Winter Eislaufplatz)
Busverbindung: Bundesbus Linie 5396
Wegverlauf: Tennisplatz – Ruinen (919 m) und zurück
Stützpunkt: Gasthof „Zum Dorfschmied" in Klein St. Paul
Was allen Spaß macht: „Bezwingen" der Ruine
viele Hochsitze im Wald
Felsnischen zum Verstecken
Karten: Freytag & Berndt WK Nr. 236, 1:50 000

Zwei Ruinen, die Klein- und die Großhornburg, erheben sich auf einem Kalkrücken über der Gemeinde Klein St. Paul im Görtschitztal. Dieses Gebiet ist reich an Funden aus vorgeschichtlicher, römischer und mittelalterlicher Zeit., als hier Eisen- und Silbererze abgebaut wurden. Heute prägt die Zementindustrie der Wietersdorfer Zementwerke das wirtschaftliche Leben des Ortes.
Viele alte Sagen ranken sich um die Ruinen: So sollen die beiden letzten Ritter von Hornburg Raubritter gewesen sein. Von der Burg aus überfielen sie die Fuhrwerke, welche im Tal die Straße entlangzogen, und raubten eines Tages auch ein junges Edelfräulein und deren Zofe. Von da an gab es zwischen den Brüdern jedoch nur mehr Zank und Streit, da sich beide in die junge Frau verliebt hatten. Jähzorn und Eifersucht führten zum Tod des jüngeren der beiden Brüder und der Frau, der ältere Ritter zog in die Welt hinaus und kehrte erst als alter und gebrochener Mann auf die Hornburg zurück. Im Jahre seines Todes zerschmetterte ein Blitz die stolze Burg, die schließlich zur Ruine verfiel.

Wegverlauf

Ausgangspunkt ist der Parkplatz beim Tennisplatz Klein St. Paul. Wir gehen bei der Brücke über den kleinen Bach nach Westen wenige hundert Meter steil bergauf und biegen in einer Linkskurve auf den zu den Ruinen führenden Grat nach Osten. Der Weg führt langsam ansteigend bergauf, bis wir – südlich unterhalb zwischen den beiden Ruinen – einen Hochsitz links oberhalb des Weges erblicken. Mutige können sich vorsichtig einen Weg zur Kleinhornburg, einer ehemaligen Kirche, suchen. Wir gehen dann weiter unterhalb des Hochsitzes in Richtung Hornberg, biegen aber vorher in spitzem Winkel zurück zur Großhornburg ab und steigen den steilen Weg zu den Ruinen hinauf. (Der Schlüssel für die versperrte Ruine ist im Ortsmuseum Lachitzhof zu bekommen). Nach dem Besuch der Ruine gehen wir den Weg wieder zurück und nehmen den ersten Weg links, nach ungefähr 200 m wieder rechts einen kleinen Waldweg, um zu der rechts unter uns sichtbaren Forststraße zu gelangen (sehr hoher Hochsitz mit besonders langer Leiter). Wir gelangen zu einer Wegkreuzung und nehmen den linken, nach Westen führenden von drei Wegen. Er führt uns auf den Grat zurück, den wir wieder zurückgehen.

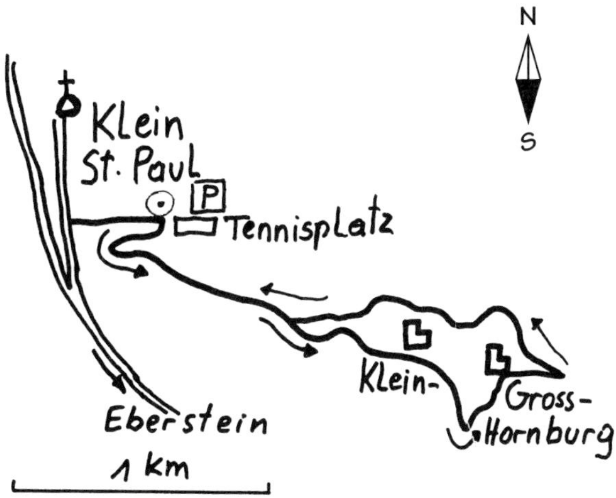

23 SCHLOSS FRAUENSTEIN, KRAIGER SCHLÖSSER

Gehzeit: 3 Std./

Ausflug zu einem Dornröschenschloß

Alter: ab 3 Jahre
Ausgangspunkt: Parkplatz beim Schloß Frauenstein
Der Ausgangspunkt ist mit öffentlichen Verkehrsmitteln nicht erreichbar.
➜ *Wegverlauf:* Schloß Frauenstein – Kraiger Schlösser – Kraiger See – Seebichlhof – Frauenstein
Stützpunkt: Gasthof Seebichlhof oberhalb Kraiger See
Was allen Spaß macht: romantisches Schloß und Ruinen
Fischteiche
Zählen von Jahresringen bei Baumstümpfen
Aquädukt
Karten: Freytag & Berndt WK Nr. 231, 1:50 000

Ein richtiges Märchenschloß ist Schloß Frauenstein, eines der besterhaltenen mittelalterlichen Beispiele der Burgenbaukunst in Kärnten. Erbaut von 1519–1521 von Christoph Welzer, wechselte das Schloß häufig den Besitzer und ist derzeit in Privatbesitz. Vom Schloß aus führt der Wanderweg größtenteils durch Wald entlang schroffer Felsen und romantischer Fischteiche zu den Ruinen der Kraiger Schlösser, Reste von Burgen aus dem 11.–13. Jahrhundert, welche bereits seit dem 17. Jahrhundert mehr oder weniger verfallen sind. In der Burgruine Hochkraig sind noch Teile des Bergfrieds und einer kleinen gotischen Kapelle erhalten. Ein Zugang ist möglich, jedoch Vorsicht wegen der steilen Felsen!
Kurz nach der Ruine Hochkraig wandern wir unter einem ca. 40 m langen und 10 m hohen mittelalterlichen Aquädukt weiter Richtung Kraiger See. Gleich nach dem Aquädukt blicken wir linker Hand in ein verfallenes, dunkles Kellergewölbe. Der Weg führt an einem weiteren Teich vorbei Richtung Kraiger See; bis zum Gasthof Seebichlhof ist er relativ breit und ev. für ein Kinderfahrrad geeignet. Ab dem Seebichlhof wird der Weg jedoch schmäler und zeitweise ansteigend, so daß er nur zu Fuß zu bewältigen ist.

Wegverlauf

Ausgangspunkt ist der Parkplatz beim Schloß Frauenstein. Vorbei am Schloßteich mit Enten und Schwänen, treten wir durch einen kleinen Torbogen mit Zinnen auf den blau markierten Wanderweg Richtung Kraiger See und folgen dem Bach, der von einem der Teiche in den anderen fließt. Nach dem Aquädukt gelangen wir zu einem weiteren Teich, wo wir auf die andere Seite des Baches wechseln. Nach ca. 200 m zweigt links ein Weg nach Kraig ab, wir folgen jedoch dem Weg zum See. Beim Gasthof Seebichlhof halten wir uns links (blaue Markierung entlang des Stallgebäudes) Richtung Wald. Wir kommen dann zu einem kleinen Bildstock, wo wir rechts den breiten Weg weiterwandern. Der Waldweg führt stetig bergauf, am Ende der Steigung nehmen wir den Hohlweg links und erreichen bald eine Lichtung mit einem sehr schönen Ausblick auf die Ruine Hochkraig. Kurz danach biegt der Weg auf jenen von Frauenstein ein, den wir wieder zum Schloß zurückwandern.

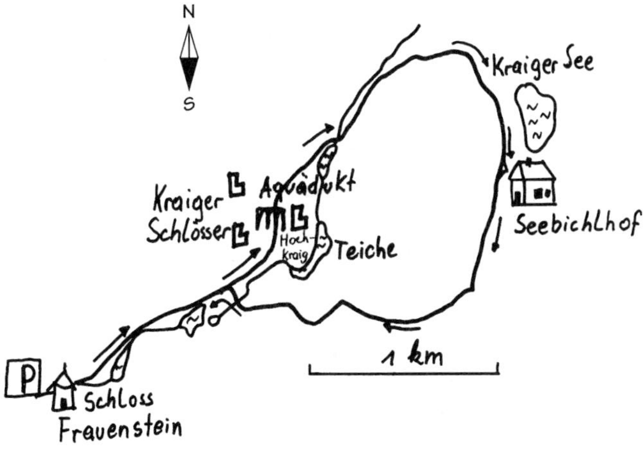

Flügelaltar in der Kirche von Grades (Tour 19)

Ausflug zum Schloß Frauenstein (Tour 23)

Blick auf Burg Hochosterwitz – die schönste Burg Kärntens (Tour 26)

24 LORENZIBERG *Gehzeit:* $2^1/_2$– 3 Std./

Endstation des Vier-Berge-Laufes

Alter: ab 5 Jahre

Ausgangspunkt: Parkplatz auf einer Wiese, Schild „Wanderweg Lorenziberg“
Der Ausgangspunkt ist mit öffentlichen Verkehrsmitteln nur schwer erreichbar

Wegverlauf: Parkplatz – Nußdorf – Ruine Schaumburg – Hofer Seen – Tatschnigteich – Fachau – Kirche am Lorenziberg – Parkplatz

Stützpunkt: Gasthof Adelbrecht am Lorenziberg

Was allen Spaß macht: Fische beobachten im Mühlbach
einsame Teiche im Wald
schöner Fernblick vom Gipfel
Rodelbahn im Winter

Karten: Freytag & Berndt WK Nr. 231, 1:50 00

Jedes Jahr am Dreinagelfreitag (zweiter Freitag nach Ostern) ist das kleine Kirchlein am Lorenziberg Endpunkt des Vier-Berge-Laufes (siehe auch Wanderung Ulrichsberg). Nach ca. 17stündigem Fußmarsch erreichen die Pilger am späten Nachmittag erschöpft ihr Ziel. Hoch über dem Glantal gelegen (971 m), bietet der Lorenziberg einen wunderschönen Blick über ganz Unterkärnten. Wir wählen nicht den steilen Forstweg als Anstieg, sondern gehen den Mühlbach entlang (hier tummeln sich Forellen, die wir mit etwas Geduld gut beobachten können!) zu den idyllisch gelegenen Hofer Seen, wo sich eine Fischzucht befindet. Die Ruine Schaumburg, welche versteckt zwischen Bäumen und Gebüsch auf einem schmalen Felsvorsprung liegt, ist nur mehr schlecht erhalten, Reste eines Turmes und einer Mauer werden nur von spielenden Kindern der Umgebung aufgesucht. Wir gelangen durch den schattigen Tatschniggraben, wo der Weg auch im Sommer feucht sein kann, zum einsam gelegenen, wunderschönen Tatschnigteich. Kurz vor der kleinen Ortschaft Fachau öffnet sich der Blick weit nach Süden. Ein stetig ansteigender Weg (teilweise im Ortsbereich asphaltiert) führt zur Kirche, die dem hl. Laurentius geweiht ist und im Jahre 1330 erstmals urkundlich erwähnt wurde. Im kleinen Gasthof neben der Kirche, der täglich geöffnet ist, haben wir Gelegenheit zu ausgiebiger Rast. Die in Serpentinen nach unten führende Forststraße, auf der wir zum Ausgangspunkt zurückkehren, ist im Winter eine beliebte Rodelbahn.

Wegverlauf

Wir erreichen den Parkplatz über die Straße von St. Veit Richtung Schaumboden – Hofer Seen, nach dem Schloß Dornhof befindet sich links ein Schild mit der Aufschrift „Wanderweg Lorenziberg“. Hier parken wir das Auto und gehen zunächst ca. 20 Minuten die Straße entlang des Mühlbaches weiter, biegen dann nach links ab (Richtung Steinbichl bzw. Gasthof Jägerwirt) und dann gleich wieder links Richtung Hofer Seen. Die Ruine Schaumburg ist kaum zu sehen; bei dem Ruinenfelsen nochmals links zu den Hofer Seen. Von hier an ist der Weg durch rote Striche oder Punkte an den Bäumen markiert, der Forstweg führt durch den Tatschniggraben nach Fachau, dort biegen wir bei einem Bildstock nach links Richtung Lorenziberg und gelangen über die Forststraße wieder zu unserem Ausgangspunkt –dem Parkplatz – zurück.

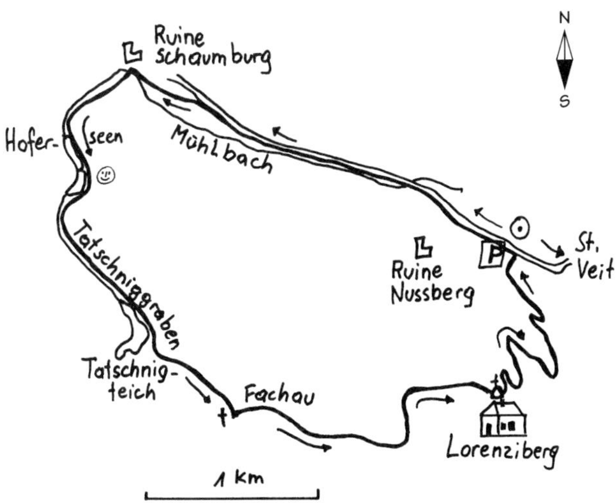

25 RUINE TAGGENBRUNN *Gehzeit:* 2 Std./

Wo einst die stolzen Ritter hausten

Alter: ab 4 Jahre
Ausgangspunkt: Parkplatz beim Strandbad Längsee
Busverbindung: Bundesbus Linie 5373
Wegverlauf: Parkplatz – Schwag – Taggenbrunn – St.Peter – Dellach – Moorwanderweg – Parkplatz
Stützpunkt: Gasthof Ruine Taggenbrunn, Längseestüberl beim Strandbad
Was allen Spaß macht: Spielen bei der Ruine
Moorwanderweg
Bademöglichkeit beim Längsee
reizvolle Landschaft
Karten: Freytag & Berndt WK Nr. 231, 1:50 000

Die Burg Taggenbrunn, auf einem steilen Felskegel gelegen, wurde im 12. Jahrhundert auf den Resten einer vermutlich keltischen Siedlung erbaut. Sie erlebte eine wechselvolle Geschichte mit Krieg und Zerstörung. Einst lebte hier der Sage nach der Ritter Heinrich von Taggenbrunn mit seiner Gemahlin. Als er zu einem Kreuzzug ins Heilige Land aufbrach, gab ihm seine Frau ein schneeweißes Leinenhemd mit, welches zum Zeichen ihrer Treue immer weiß bleiben sollte. Er geriet in Gefangenschaft, seine Gattin erfuhr von einem Türken von seinem traurigen Los. Als Mönch verkleidet machte sie sich auf den Weg, und es gelang ihr, ihren Gatten zu befreien. All die Zeit hindurch blieb sein Hemd auf wundersame Weise schneeweiß, und noch heute gibt es auf dem benachbarten Muraunberg den Türkensteig, den der Türke auf seinem Weg nach Taggenbrunn gegangen sein soll.
Heute ist die Ruine in Privatbesitz und beherbergt ein Restaurant, welches ab Ostern an den Wochenenden ab 11 Uhr, im Juli und August täglich geöffnet ist. Ein Tip für Kinderfeste: Hier wird ein stilechtes Rittermahl – speziell für Kinder – angeboten!

Wegverlauf

Vom Parkplatz beim Strandbad Längsee gehen wir die Straße bergan und biegen nach rechts Richtung Schwag ab. Wir folgen dem Weg durch Wald und Wiesen bis zum Fuße des Burghügels, gehen der Straße nach zur Ruine und den gleichen Weg wieder zurück. Wir wenden uns nun aber nach rechts und biegen nach einigen Metern nach links ab, nehmen die nächste Straße wieder links und gehen dann am Rand einer großen Wiese bergan bis zum Waldrand. Dort biegen wir in den Privatweg ein (rotes Schild mit der Markierung Nr. 4 an einem Baum) und folgen ihm durch den Wald. Dort, wo wir rechts einen Wildzaun mit Gatter sehen, biegen wir links ab und erreichen bald die Kirche St. Peter. Wir folgen der Straße bis zu einem kleinen Teich, wo wir nach rechts in den Moorwanderweg einbiegen und zurück zum Ausgangspunkt gehen.

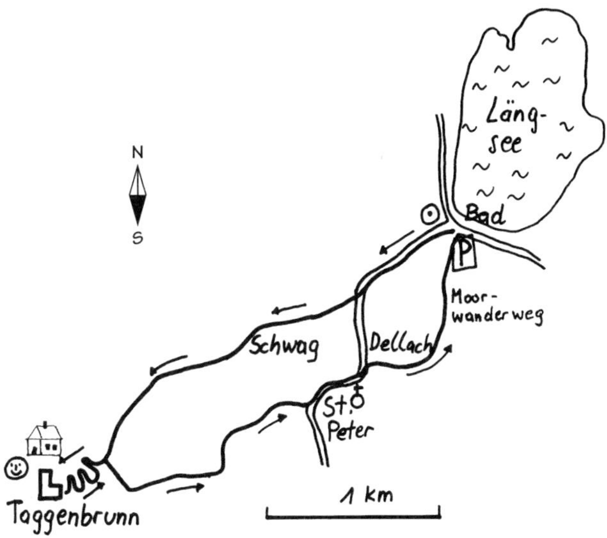

26 BURG HOCHOSTERWITZ *Gehzeit:* $1^1/_2$ Std./

Zur schönsten Burg Kärntens

Alter: ab 2 Jahre

Ausgangspunkt: Parkplatz am Fuße des Burgfelsens beim ersten Tor

Busverbindung: Bundesbus Linie 5373

→ *Wegverlauf:* Parkplatz am Fuße der Burg – befestigter Aufgang bis zur Hauptburg und wieder zurück

Stützpunkt: Kiosk am Parkplatz, Gastwirtschaft Maultasch, Gasthof Prettner in St. Donat

Was allen Spaß macht: Burg mit Zinnen und Türmen
Burgmuseum mit Rüstkammer
befestigte Tore

Karten: sind nicht erforderlich

Auf einem steil aufragenden, freistehenden Kalkfelsen von 150 m Höhe thront die wohl schönste Burg Kärntens, Hochosterwitz. Die Burg selbst wurde im Jahre 1200 erstmals urkundlich erwähnt, ihr heutiges Aussehen erhielt sie durch Georg Khevenhüller, der eine starke Festung gegen die Feinde erbauen wollte (eine Gedenktafel aus dem Jahre 1576 erinnert uns daran). Der Aufstieg zur Burg führt uns durch 14 befestigte Tore, die so angelegt sind, daß ein Eroberer jedes einzelne Tor mühsam überwinden mußte, wollte er zur Hauptburg gelangen. Eine Sage erzählt, daß die Tiroler Herzogin Margarethe Maultasch die Burg monatelang belagerte und die Bewohner aushungern wollte, da sie die Burg für ihr rechtmäßiges Erbe hielt und diese mit Gewalt in ihren Besitz bekommen wollte. Da griffen die Belagerten zu einer List: Sie schlachteten den letzten Ochsen und nähten in die Haut Brot, Getreide und andere Lebensmittel ein. Dies alles warfen sie über den steilen Felsen zu den Belagerern hinab. Wutentbrannt zog die Herzogin daraufhin mit ihrem Heer ab, da sie dachte, die Burgbewohner hätten noch Nahrung im Überfluß und eine weitere Belagerung wäre sinnlos.
Heute geht es zum Glück friedlicher zu! Vom Parkplatz aus führt der Weg durch die vierzehn Tore, von denen jedes einen anderen Namen trägt, mäßig ansteigend bis zur Hauptburg. Beim ersten, dem „Fähnrichtor“, empfangen uns zwei überlebensgroße fahnenschwingende Landsknechte. Wir gehen nun durch die einzelnen, verschieden gebauten und befestigten Tore – es gibt Zugbrücken, metallbeschlagene Tore, Fallgitter und Pechnasen, um die Feinde

mit allen Mitteln abzuwehren. In die eigentliche Burg führt eine lange Steintreppe zum Burghof, an deren Beginn sehen wir links das düstere, dunkle, höhlenartige Burgverlies. Oben angekommen, genießen wir einen herrlichen Rundblick auf St. Veit, das Zollfeld, den Ulrichs- und den Magdalensberg sowie die Saualpe. Die Burganlage ist von April bis Oktober (je nach Witterung) geöffnet, Eintrittskarten erhält man an der Kasse am Beginn des Weges.

Wegverlauf

Wir biegen von der Schnellstraße Klagenfurt – St.Veit in St. Donat nach rechts ab und erreichen auf der gut beschilderten Straße nach einigen Kilometern den Parkplatz der Burg. Ein Verirren ist nicht möglich. Wem der Aufstieg zu beschwerlich ist, dem steht auch ein Lift zur Verfügung.

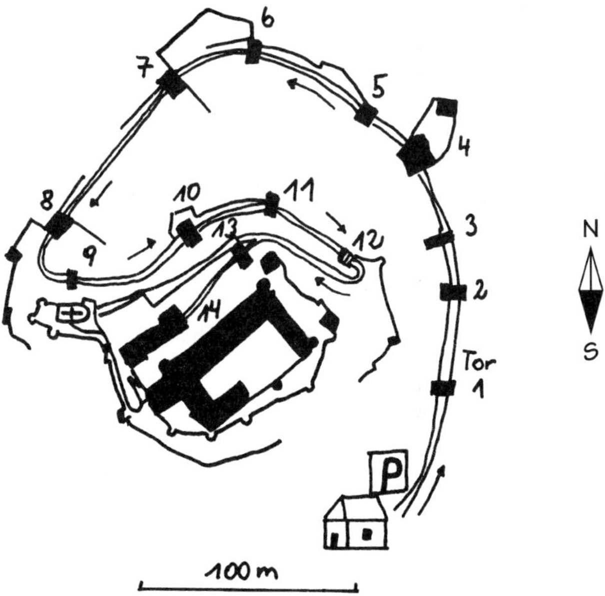

Georg Khevenhüller (Burg Hochosterwitz) (Tour 26)

Burgvogt, 17. Jh. (Burg Hochosterwitz) (Tour 26)

Toranlage auf Burg Hochosterwitz (Tour 26)

Der Jüngling vom Magdalensberg (Tour 27)

„Römischer Legionär" am Magdalensberg (Tour 27)

Die Landschaft um den Magdalensberg (Tour 27)

27 MAGDALENSBERG

Gehzeit: 1 Std./

Ein Ausflug in die Geschichte Kärntens

Alter: ab drei Jahre

Ausgangspunkt: Parkplatz bei der Ausgrabung Magdalensberg

Busverbindung: Bundesbus Linie 5398

Wegverlauf: Parkplatz Magdalensberg – Gräberstraße – Gipfelhaus – Parkplatz Magdalensberg

Stützpunkt: Gipfelgasthaus Skorianz

Was allen Spaß macht: Gipfelhaus mit großem Spielplatz
römische Mauerreste
Freilichtmuseum

Karten: sind nicht erforderlich

Der Magdalensberg ist ein beliebtes Ausflugsziel der Mittelkärntner. Neben den berühmten keltisch-römischen Ausgrabungen – es war hier das wirtschaftliche und politische Zentrum Kärntens zur Römerzeit – bietet sich auch die Möglichkeit zu schönen Wanderungen. Ziel ist der Gipfel des 1058 m hohen Magdalensberges. Vor einer Wanderung sollten wir die Ausgrabungen mit über 2000 Jahre alten Gebäuderesten und Fundstücken der keltisch-römischen Siedlung besichtigen (geöffnet Mai bis Oktober von 9–19 Uhr). Wir können durch das ca. 3 ha große Freilichtmuseum spazieren und uns in römische Zeiten zurückversetzen, eventuell auch an einer Führung teilnehmen (Zeitaufwand etwa 1 Stunde). Jeder Besucher kann sich auch neben dem Kassenhäuschen aus einer Kiste einen Scherben eines Römertopfes nehmen. Berühmt ist der Magdalensberg auch durch die großartige Aussicht, welche man vom Gipfel aus genießt: ganz Mittelkärnten mit der Burg Hochosterwitz, die Herzogstadt St.Veit, die Nockberge, der Ulrichsberg, Klagenfurt, die Karawanken und die Saualpe bis zum Zirbitzkogel breiten sich vor unseren Augen aus. Im Winter, wenn das Klagenfurter Becken unter einer dicken Nebeldecke liegt, wird der Gipfel von sonnenhungrigen Talbewohnern regelrecht gestürmt.

Wegverlauf

Vom Parkplatz der Ausgrabungen gehen wir etwa 250 m entlang der Straße zum unterhalb des archäologischen Parkes gelegenen Parkplatz und von dort über einen Wiesenweg nach Osten bis zur Gräberstraße. Nach ungefähr 600 m am Waldgrat angelangt, biegen wir nach links und sehen jetzt schon die ersten Mauerreste der Grabkammern von Kelten und Römern (es wird erzählt, daß hier des nachts der selten gesehene Gräberhund seine Wache hält und oftmals furchterregend jault). Wir halten uns jetzt immer an den linken Weg, beachten aber auch die schönen Fichten und Tannen, die den Weg säumen. Nach Passieren des Zaunes gehen wir nach rechts, kommen an einer Römerquelle vorbei und schon ist am Gipfel die Kirche, das Gasthaus und der Kinderspielplatz zu sehen. Nachdem wir am Nordrand der großen Weide wieder an den Zaun stoßen, biegen wir nach Süden direkt auf den Gipfel ab. Nach ca. 200 m sind wir dort angelangt (im Winter beginnt hier eine Rodelbahn). Jetzt sehen wir den Kinderspielplatz mit Ringelspiel und Kletterturm sowie einen Streichelzoo mit Meerschweinchen, Ziegen, Mufflons, Schafen und anderen Tieren. Vom Gipfel gehen wir über eine große Wiese, wo wir im Herbst köstliche Brombeeren pflücken können, zum Ausgangspunkt zurück.

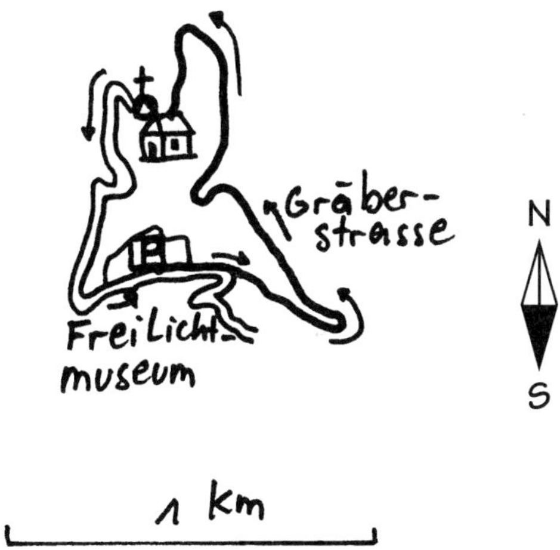

28 CHRISTOFBERG

Gehzeit: 2 1/2–3 Std./

Über alte Römerwege zum Gipfel

Alter: ab 6 Jahre

Ausgangspunkt: Gasthof Kurath vlg. Kramer, St. Filippen

Busverbindung: Bundesbus Linie 5396, Haltestelle St. Filippen

→ *Wegverlauf:* St. Filippen – Kulnighof – Karlbauer – Christofberg (904 m) – Kulnighof – St. Filippen

Stützpunkt: Gasthof Kurath, Gasthof Succaglia bei der Kirche am Christofberg

Was allen Spaß macht: Spielen im Wald und auf Wiesen
Schafe auf der Weide
kleine Teiche am Weg
schöne Aussicht

Karten: Freytag & Berndt WK Nr. 236, 1:50 000

Während sich am westlich gelegenen Magdalensberg die Wanderer in großer Zahl einfinden, um die schöne Aussicht zu genießen, verirren sich nur wenige auf den Christofberg – ganz zu Unrecht, wenn's um die Aussicht geht! Vom Kulnighof an hat man wunderschöne Fernblicke auf den gesamten Unterkärntner Raum. Vielleicht sind schon die Römer und Kelten, schwer beladen mit Erz aus dem Bergbau in Hüttenberg, durch den steilen Hohlweg von St. Filippen hinauf zur Verarbeitungsstätte auf den Magdalensberg gegangen?
Bauernhöfe mit Schafen auf der Weide, Wiesen und Wälder, kleine Teiche finden wir an unserem Weg. An einer Stelle des Weges – kurz bevor wir die kleine Kirche St. Christoph erreichen – finden wir die eigenartig rot gefärbte Erde, welche auch bei unseren Wanderungen im Raume Hüttenberg und am Kasparstein im Jauntal auftritt.

Wegverlauf

Ausgangspunkt unserer Wanderung ist der Parkplatz beim Gasthaus Kurath oder die Bushaltestelle vor dem Gasthof.
Wir gehen zunächst die Straße neben der Kirche vorbei bergauf und biegen dann in den schmalen Hohlweg entlang des Salzbaches ein. Nach dem Überqueren einer kleinen Brücke sehen wir bald die kleine Kirche am Christofberg. Wir wandern aber zunächst hinter dem Kulnighof nach links weiter Richtung Karlbauer (Mar-

kierung blau-gelb). Dort, wo der Wald den Wiesen Platz macht, haben wir wunderschöne Fernblicke auf Unterkärnten! Über einen breiten Forstweg gehen wir weiter und biegen dann nach links in den Weg Nr. 172 ein, der uns zur Kirche und dem kleinen Gasthof führt. Von dort geht's dann auf dem Weg Nr. 4 bis zum Bildstock beim Kulnighof und durch den Graben entlang des Salzbaches wieder zum Ausgangspunkt zurück.

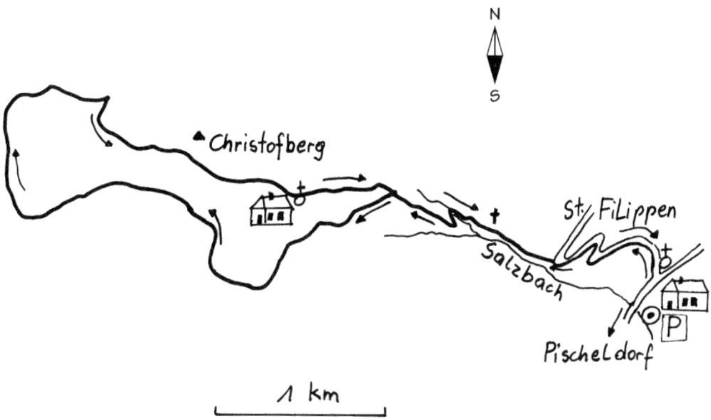

29 FREILICHTMUSEUM MARIA SAAL *Gehzeit:* 1 Std./

So lebten einst die Bauern in Kärnten

Alter: ab 2 Jahre
Ausgangspunkt: Parkplatz beim Freilichtmuseum Maria Saal
Bahn- bzw. Busverbindung: Bundesbus Linien 5371 bzw. 5394
Bahnverb. Klagf.– St.Veit, Haltestelle Maria Saal
Wegverlauf: Parkplatz – Rundgang durch das Museum – Parkplatz
Stützpunkt: ländliche Gastwirtschaft im Museumsgelände
Was allen Spaß macht: schöne alte Bauernhäuser
Naturlehrpfad
Karten: sind nicht erforderlich

Der kleine Markt Maria Saal liegt im historischen Herzen Kärntens, nahe dem Stadtgebiet der römischen Stadt Virunum, ca. 8 km nördlich von Klagenfurt. Hier befindet sich auch das Kärntner Freilichtmuseum, das älteste seiner Art in Österreich; seit dem Jahre 1972 werden liebevoll restaurierte Hofeinheiten aus verschiedenen Tälern Kärntens mit Haupt- und Nebengebäuden auf dem ca. 4 ha großen Areal präsentiert. Die Gebäude mit ihrer Einrichtung vermitteln ein lebendiges Bild des längst vergangenen bäuerlichen Alltagslebens. Neben den Hofgebäuden sehen wir auch Bildstöcke, Hausschmieden, Bienenstöcke, Kohlemeiler, Sägemühle und Kalkbrennofen. Besonders eindrucksvoll ist auch ein kleiner Kaufmannsladen aus Unterkärnten vom Beginn des 20. Jahrhunderts, der zeitweise in Betrieb ist – wir merken hier, wie sehr sich Einkaufen geändert hat! Im sogenannten „Industriegelände“ werden bäuerliche Arbeiten bei der Säge, dem Kohlemeiler, dem Kalkbrennofen und der Mühle vorgeführt. Die Häuser sind mit Blumen geschmückt, es gibt auch einen kleinen Naturlehrpfad, der uns die wichtigsten Pflanzen Kärntens näherbringt. Die meisten Räume in den Gebäuden sind zugänglich und mit den entsprechenden Möbeln und Geräten ausgestattet.

Wegverlauf

Der Rundgang durch das Gelände ist gut gekennzeichnet. Bei der Kasse des Freilichtmuseums ist ein kleiner Prospekt mit Lageplan bzw. ein ausfühlicher Museumsführer erhältlich. Nach Anmeldung sind Führungen möglich. Das Freilichtmuseum ist von Mai bis Ende Oktober täglich von 10–18 Uhr geöffnet.

Besonderheiten der Umgebung

Dom Maria Saal
Herzogstuhl
Propsteimuseum mit alten Bauernmöbeln
Ausgrabung Virunum

Ringhof im Freilichtmuseum Maria Saal (Tour 29)

Der Herzogstuhl am Zollfeld (Tour 29)

Am Ulrichsberg (Tour 30)

Blick vom Ulrichsberg (Tour 30)

30 ULRICHSBERG

Gehzeit: 2 Std./

Der „Mons Carantanus“, einer der vier heiligen Berge Kärntens

Alter: ab 4 Jahre

Ausgangspunkt: Parkplatz Gasthaus Kollerwirt
Der Ausgangspunkt ist mit öffentlichen Verkehrsmitteln nicht erreichbar

Wegverlauf: Gasthaus Kollerwirt – Ulrichsbergalm – Gipfel – Gasthaus Kollerwirt

Stützpunkt: Gasthaus Kollerwirt

Was allen Spaß macht: Ausgrabungen aus der keltisch-römischen Zeit
Kirchenruine
großes Gipfelkreuz

Karten: Freytag & Berndt WK Nr. 235, 1:30 000

Der Ulrichsberg ist ein historisch wichtiger Kultberg Kärntens. Er ist eine Etappe des Vier-Berge-Laufes, einer Wallfahrt, an der jährlich hunderte Menschen teilnehmen und welche am Dreinagelfreitag (zweiter Freitag nach Ostern) um Mitternacht vom Gipfel des Magdalensberges ihren Ausgang nimmt. Auf der Kuppe des Berges befinden sich Ausgrabungen eines keltisch-römischen Heiligtumes und die Kirchenruine des hl. Ulrich. Diese Kirche wurde 1485 erstmals genannt, im Jahre 1897 brannte sie jedoch ab und verfällt seither. Im Jahre 1959 wurde dort eine Landeskriegergedächtnisstätte eingerichtet. Viele Sagen ranken sich um den Ulrichsberg: so sollen dort der Wilde Mann und der Waldmann ihr Unwesen treiben, und Kaiser Friedrich im Untersberg achtet darauf, daß ja genug Wallfahrer am Vier-Berge-Lauf teilnehmen, andernfalls würde Unheil über das Land kommen.
Vom Gipfel aus haben wir einen herrlichen Rundblick über das Klagenfurter Becken. An nebelreichen Herbsttagen ist der Gipfel meist frei, und ein Nebelmeer breitet sich zu unseren Füßen aus. Wenn wir das Auto beim Gasthof Kollerwirt parken, müssen wir – sofern wir nicht einkehren – einen Betrag von öS 20.– an Parkgebühr entrichten, da der Platz beschränkt ist und der Wirt für seine Gäste Parkraum zur Verfügung haben will. Für Kinder gibt es dort Ziegen und Kühe, eine Schaukel und einen Sandhaufen. Im urigen Landgasthaus werden vorwiegend eigene Produkte verkauft.

Wegverlauf

Wir erreichen das Gasthaus Kollerwirt, indem wir die Straße nach Pörtschach am Berg fahren und dem Wegweiser Ulrichsberg folgen. Beim Gasthaus parken wir das Auto und gehen weiter dem Waldrand zu, wo wir dem breiten Güterweg folgen. Nach ca. 20 Minuten Gehzeit mündet der Weg aus Stegendorf ein, wir halten uns nun an den Wanderweg Nr. 17. Wir können diesem Weg nun bis zur Ulrichsbergalm folgen oder eine Abkürzung gehen, welche links abzweigt. Es ist ein etwas steilerer Weg durch lockeren Mischwald, gesäumt von einzelnen Felsblöcken. Bei der Alm angekommen, übersteigen wir den Zaun und gehen den breiten Weg weiter Richtung Gipfel. Es gibt auch eine steilere Abkürzung, welche aber mit kleineren Kindern nicht empfehlenswert ist, da sie an steilen Felswänden entlangführt und nicht ganz ungefährlich ist. Am Gipfel genießen wir die herrliche Fernsicht und können im Winter zahlreiche Vögel beobachten, welche die vielen Futterhäuschen besuchen.

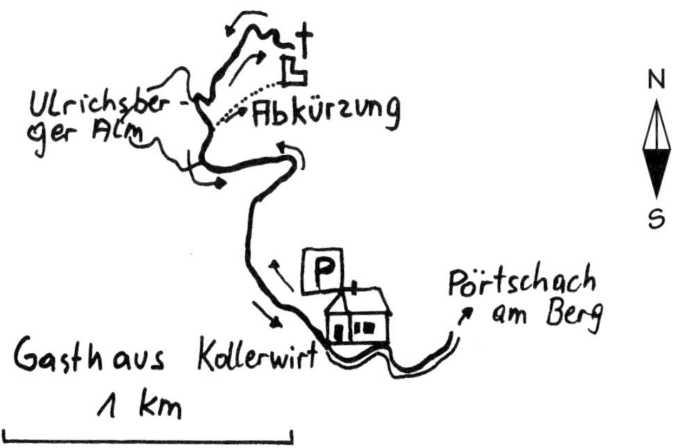

31 MARIA SAALER BERG *Gehzeit:* 2 Std./

Ein „Hausberg" der Klagenfurter

Alter: ab 5 Jahre
Ausgangspunkt: Parkplatz beim Dom von Maria Saal
Busverbindung: Bundesbus Linie 5371
Wegverlauf: Parkplatz – Maria Saaler Bergweg – Gipfel mit Leuchtfeuer – Parkplatz
Stützpunkt: mehrere Gasthöfe in Maria Saal
Was allen Spaß macht: Leuchtfeuer der Flugsicherung am Gipfel
Ginsterbüsche am Wanderweg
„Wer findet den richtigen Weg?"
Karten: Freytag & Berndt WK Nr. 234, 1: 50 000

Der Weg zum Gipfel des Maria Saaler Berges führt durch wunderschöne Wälder, die zur Naturbeobachtung anregen. Besonders hervorzuheben ist ein Stück Forstweg am Südhang des Berges, welches dicht von großen Ginsterbüschen gesäumt wird. Der Ausblick knapp unterhalb des Gipfels auf das Klagenfurter Becken ist prachtvoll; vom Gipfel selbst wird der Blick durch die Bäume etwas behindert. An der höchsten Stelle befindet sich ein Stahlmast mit einer Leuchtfeueranlage der Flugsicherung.

Wegverlauf

Wir beginnen unsere Wanderung beim Dom und folgen dem Maria Saaler Bergweg, vorbei an der Feuerwehr, passieren den Grafenbrunnen und gelangen schließlich zum markierten Wanderweg der Marktgemeinde Maria Saal Nr. 25. Die Markierung ist zunächst noch gut (hölzernes Eichkätzchen mit der Nr. 25), nach ca. 20 Min. Gehzeit biegen wir links in den bergauf führenden Forstweg. Ab diesem Punkt gibt es keine Markierung mehr, und wir müssen den besten Weg selbst finden! Wir gelangen an eine breite, leicht ansteigende Forststraße, die wir nach rechts weitergehen. Nach einer leichten Linkskurve mündet rechts der Weg von St. Georgen kommend ein: wir biegen in spitzem Winkel nach links von der Forststraße ab und gehen weiter bergauf, bis wir wieder eine breite Forststraße erreichen. Diese führt auf die Südseite des Berges und ist dicht von Ginsterbüschen gesäumt. Von hier aus hat man einen schönen Ausblick auf Klagenfurt und die Karawankenkette. Eine Stromleitung (zum Leuchtfeuer) quert unseren Weg, gleich danach biegen wir links in Richtung Gipfel ab, den wir nicht mehr verfehlen können. Nach dem „Gipfelsturm" gehen wir zur Forststraße zurück und setzen unseren Weg nach links in Richtung Maria Saal fort. Nach ca. 10 Min. endet die Forststraße, wir gehen nach rechts einen schmalen, wild verwachsenen Steig weiter. Wir queren einen Forstweg, behalten aber die Richtung bei und folgen dem kleinen Steig. Wir kommen durch lichten Wald und einen tief eingeschnittenen Hohlweg. Bald taucht der Waldrand auf, wir verlassen den Wald jedoch nicht, sondern gehen nach links einen kleinen Weg weiter. Schon sehen wir die ersten Häuser von Maria Saal. Bei einer Weggabelung biegen wir nach rechts über eine Wiese mit einem Hochsitz und erreichen die Böcklstraße, die uns zurück zum Maria Saaler Bergweg führt.

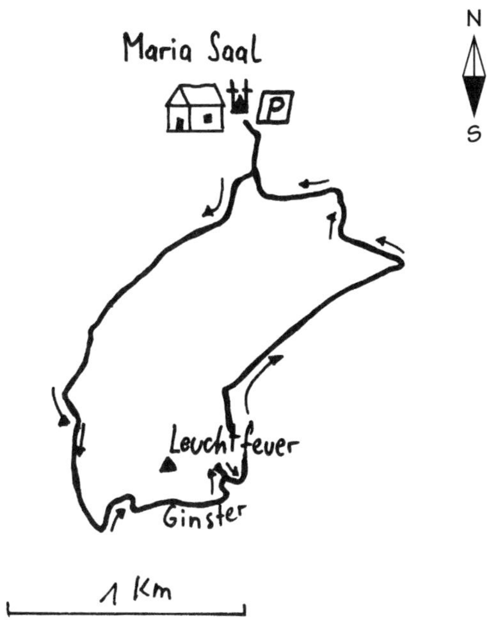

32 FALKENBERG

Gehzeit: 2 1/2–3 Std./

Naturpark fast mitten in der Stadt Klagenfurt

Alter: ab 5 Jahre

Ausgangspunkt: Parkplatz beim unteren Kreuzberglteich in der Teichstraße

Busverbindung: Buslinien 60, 61 der Stadtwerke Klagenfurt

Wegverlauf: Parkplatz – Gasthof Waldwirt – Gasthof Schloß Falkenberg – Falkenberg –Gasthof Waldwirt – Parkplatz

Stützpunkt: Gasthof Waldwirt, Gasthof Schloß Falkenberg

Was allen Spaß macht: viele kleine Bäche und Teiche
Felsen zum Klettern
Waldlehrpfad
Kinderspielplatz

Karten: Freytag & Berndt WK Nr. 235, 1: 30 000

Nur wenige Autominuten vom Zentrum der Stadt Klagenfurt entfernt liegt das Kreuzbergl, ein Bergrücken im Westen der Stadt, der für viele Bewohner beliebtes Ausflugs- und Erholungsgebiet ist. Wir haben für unsere Wanderung den Weg auf den Falkenberg, die mit 671 m höchste Erhebung des Kreuzbergls, ausgesucht. Teils auf breiten Wegen, teils auf schmalen Steigen führt der Weg durch Wälder mit dichten Heidekraut-, Moos- und Schwarzbeerpolstern, vorbei an Felsen, die durch die Schwefelflechten gelb gefärbt sind, über Bäche und entlang kleiner Teiche, und immer wieder genießen wir schöne Ausblicke auf die Umgebung der Stadt.

Wegverlauf

Unser Weg beginnt beim Parkplatz am unteren Kreuzberglteich in der Teichstraße. Wir gehen zunächst entlang des Fitness-Parcours bis zur Station 21 und biegen dann Richtung Waldlehrpfad ab. An einem kleinen Teich vorbei gehen wir bis zur Straße, der wir kurz folgen, und biegen dann nach links in den Atzgruberweg (Weg Nr. 1) Richtung Waldwirt ein. Wir erreichen den Weg Nr. 10, der uns zum Waldwirt führt und weiter zum Schloß Falkenberg.
Kurz bevor wir das Schloß erreichen, biegen wir – gegebenenfalls nach erfolgter Stärkung – in spitzem Winkel nach links auf den Wanderweg Nr.4 ab, der uns immer weiter hinauf auf die Höhe des Falkenberges führt. Wir stoßen auf einen breiten Forstweg, den wir nach links bergauf weitergehen; von hier an gibt es keine Markie-

rung! Wir halten uns bei einer Gabelung rechts und gehen an der höchsten Stelle des Forstweges nach rechts zum Gipfel. Schon bald verlassen wir den breiten Weg und biegen nach links auf den schmalen Weg Nr. 7 ein, der einen Bergrücken entlangführt, von dem man schöne Ausblicke nach Süden hat. Wir gelangen zu einem breiten Forstweg, nach links kommt man zum Gasthof Waldwirt, geradeaus führt der Weg zum Kreuzungspunkt mit dem Wanderweg Nr. 10, den wir gekommen sind. Diesem folgend, gehen wir Richtung Parkplatz zurück. Beim Fitneßparcour gehen wir diesmal die obere Runde bis zum oberen Kreuzberglteich und gelangen über eine Stiege zu unserem Ausgangspunkt zurück.

Besonderheiten der Umgebung

Botanischer Garten
Bergbaumuseum
Sternwarte

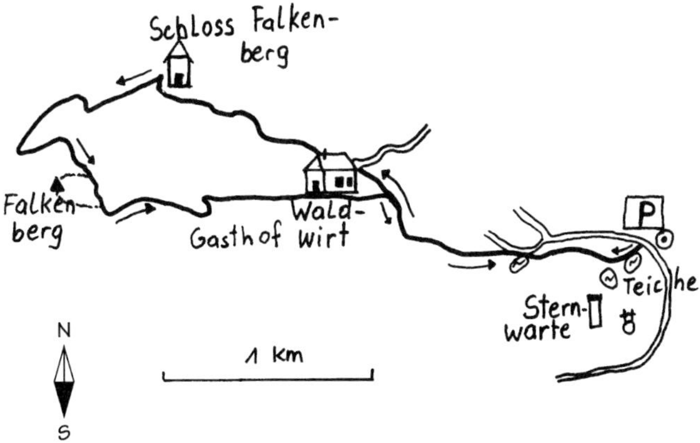

33 MARIA RAIN *Gehzeit:* 2 1/2 Std. /

Zum Aussichtspunkt hoch über der Drau

Alter: ab 4 Jahre
Ausgangspunkt: Parkplatz bei der Kirche Maria Rain
Busverbindung: Bundesbus Linie 5325/29
Wegverlauf: Kirche Maria Rain – Toppelsdorf – Angern – Göltschach – Haimach – Aussicht Petelinz – Maria Rain
Stützpunkt: Gasthöfe in Maria Rain, Hanswirt in Angern
Was allen Spaß macht: schöne Wiesen zum Spielen
Aussichtspunkt auf hohen Felsen
wunderschöner Blick auf die Berge
Karten: Freytag & Berndt WK Nr. 233, 1:50 000

Weithin im Rosental sichtbar liegt die Wallfahrtskirche Maria Rain mit ihren Doppeltürmen in der lieblichen, ländlich geprägten Landschaft. Eindrucksvoll ist die Bergkulisse im Süden mit dem Ferlacher Horn und der Koschuta. Einer Sage nach befand sich anstelle der Kirche einst eine Einsiedelei. Als die Türken ins Land einfielen, brachten die Mönche von Viktring ihr kostbarstes Gut, eine Monstranz mit den Blutstropfen Christi, mit einer großen Pilgerschar dorthin, um sie vor den Heiden zu verstecken. Die vielen Menschen zertraten die Felder und das Gras, doch nur ein Bauer schimpfte darüber. Als die Pilger wieder zurückzogen, standen alle Gräser und Halme aufrecht, nur das Feld dieses einen Bauern blieb zertrampelt. Aus Reue über sein Verhalten ließ er die heutige Kirche als Wallfahrtskirche erbauen.
Vom Aussichtspunkt Petelinz aus genießen wir einen wunderschönen Blick über die steilen Felsen hinunter zum Draufluß. Der Aussichtspunkt ist nur durch einige Holzbalken abgesichert, daher bitte Vorsicht!

Wegverlauf

Ausgangspunkt ist der Parkplatz bei der Wallfahrtskirche. Wir gehen oberhalb der Kirche die Straße weiter (Markierung Rosentalmarsch, rot-weiß-rot), zum Kaiserhüttenweg und betreten bei einem Marterl den Wald. Wir queren die Straße und gehen – die Richtung beibehaltend – einen Wiesenweg den Hang hinauf, bei einem zweiten Marterl vorbei zur Straße nach Toppelsdorf. Wir folgen nun der Straße rechts weiter und gelangen nach Angern.

Vorbei beim Hanswirt wenden wir uns nach Osten und biegen bei einem Gehöft nach rechts Richtung Göltschach ab. Nun folgen wir dem breiten Forstweg bis knapp vor die ersten Häuser von Göltschach, dort biegen wir in spitzem Winkel nach rechts, ab hier Markierung „Rosentalmarsch“ rot-weiß-rot bzw. weißes Dreieck auf rotem Grund. Beim kleinen Ort Haimach überqueren wir die Straße und gehen Richtung Süden. Gleich nach dem Eintritt in den Wald biegen wir nach links ab. Nach einer Wiese biegen wir rechts ab – Schild: Aussichtspunkt (Petelinz). Von dort folgen wir dem markierten Weg zurück zu unserem Ausgangspunkt.

Besonderheiten der Umgebung

Drauüberfuhr in Glainach (Valentinfähre), 1.Mai – Ende Oktober (Samstag, Sonntag und Feiertag 8–18 Uhr).
Bienenmuseum Carnica in Kirschentheuer, geöffnet Mai und September samstags,sonntags, feiertags 13–18 Uhr; Juni, Juli, August Mittwoch–Sonntag 13–18 Uhr, sonst nach Vereinbarung (Gasthof Ratz, Tel. 04227/2328).

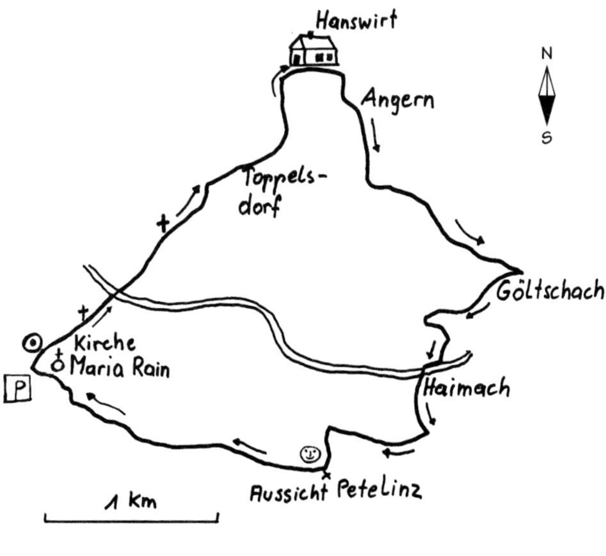

34 HAINSCHWANDERWEG *Gehzeit:* $3^1/_2$ Std./

Romantische Wanderung entlang des Wildbaches

Alter: ab 5 Jahre

Ausgangspunkt: Parkplatz bei der Male Säge
Der Ausgangspunkt ist mit öffentlichen Verkehrsmitteln nicht erreichbar

Wegverlauf: Male Säge (660 m) – Hainschbauer (985 m) – Gornik – Male Säge

Stützpunkt: leider keiner

Was allen Spaß macht: Überreste von Mühlen und Sägen
Spielen am Bach
Wasserfall

Karten: Freytag & Berndt WK Nr. 234, 1: 50 000

Wir erreichen unseren Ausgangspunkt, indem wir zunächst von Ferlach Richtung Zell Pfarre fahren und dann nach rechts in die Ribnitza-Schlucht Richtung Zell Winkel abbiegen. Nach ca. 2,5 km erreichen wir die Male Säge und parken neben dem Transformator gegenüber der alten Schule. In früheren Zeiten war dieses Gebiet dichter besiedelt, viele Menschen lebten von der Land- und Forstwirtschaft und prägten diese alte Kulturlandschaft im äußersten Süden Kärntens. An die 22 Mühlen und Sägen standen einst entlang des Hainschbaches, den wir entlangwandern; einige Reste davon sind noch erhalten. Tief hat sich der Bach in die Kalkfelsen eingegraben, und die vielen Felsblöcke im Bachbett geben Zeugnis von der Gewalt des Wassers. Im Jahr 1996 wurden bei Unwettern im Sommer alle Brücken weggerissen, der Alpenverein hat diese jedoch in mühevoller Arbeit restauriert und den schönen Wanderweg wieder begehbar gemacht. Wir sehen entlang des Weges Kalkfelsen unterschiedlichster Färbung – hellgrau, fast schwarz und rötlich sind die Schichten, durch die sich der Bach seinen Weg gebahnt hat. Zunächst führt der Weg bergauf, nach links machen wir einen kleinen Abstecher zu einem Wasserfall, wo wir am Bach spielen können. Im oberen Teil des Tales wird der Weg flacher, dort sind auch die Überreste der Mühlen zu sehen. Kurz bevor wir zum Hainschbauer abbiegen, überqueren wir einen breiten Schuttkegel, wo die Bäume und Sträucher mit ihren Wurzeln nur mühsam Halt finden.

Wegverlauf

Bei der alten Male Säge biegen wir in den gut beschilderten Hainschwanderweg ein, der immer entlang des Baches führt (Markierung Holzschild Hainschwanderweg, rot-weiß-rot).
Zunächst ist es eine breite Straße, dann biegen wir bei einem Schild an einem Baum mit der Aufschrift Hainschbauer – Loibler Baba rot-weiß-rot Nr. 650 nach links ab. Von da an führt ein schmalerer Wanderweg entlang des tosenden Baches durch lichte Fichten-Buchen-Mischwälder stetig bergauf.
Bald nach dem Überqueren des Schuttkegels erreichen wir die Abzweigung nach rechts Richtung Hainschbauer, gehen oberhalb des Gehöfts weiter Richtung Gornik, wo wir den höchsten Punkt unserer Wanderung erreichen. Von hier an führt ein breiter Weg bis zur Straße nach Zell Winkel und zum Ausgangspunkt zurück.

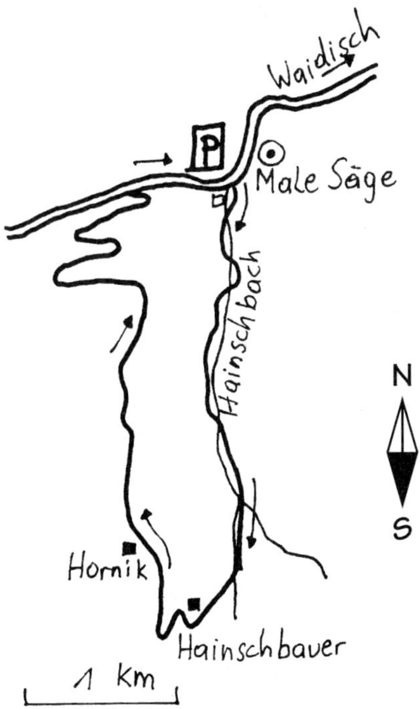

Romantischer Wasserfall auf dem Hainschwanderweg (Tour 34)

Hochsitz bei Gornik (Tour 34)

Maria Saal: Steinrelief eines römischen Reisewagens (Tour 31)

In der Trögerner Klamm (Tour 37)

Besuch in den Obir-Tropfsteinhöhlen (Tour 38)

35 EISLOCH IN DER MATZEN *Gehzeit:* 2 Std./

Eis auch im Hochsommer!

Alter: ab 4 Jahre

Ausgangspunkt: Gasthof Kroschlhof bei Gotschuchen
Der Ausgangspunkt ist mit öffentlichen Verkehrsmitteln nicht erreichbar

Wegverlauf: Gasthof Kroschlhof – Tannenheim – Boden – Eisloch und zurück

Stützpunkt: Gasthof Kroschlhof

Was allen Spaß macht: im Sommer: Erlebnis des „Ewigen Eises"
im Winter: herrliche Rodelbahn

Karten: Freytag & Berndt WK Nr. 234, 1: 50 000 bzw. Wanderskizze des Gasthofs Kroschlhof

Das Eisvorkommen in der Matzen, einem 1536 m hohen Kalkstock bei Gotschuchen, ca. 10 km östlich von Ferlach gelegen, ist eine in ihrer Art in Österreich einmalige Erscheinung. Auch mitten im Sommer kommt das Eis bis an die Oberfläche und taut nicht auf. Das Eisloch entstand, als Bauern auf der Suche nach Wasser einen Brunnen graben wollten. In 6 m Tiefe stießen sie auf blankes Eis und mußten ihre Suche nach Wasser für ihre Tiere aufgeben. Das Loch wurde nicht zugeschüttet, und das Eis stieg in den folgenden Monaten bis an die Oberfläche. Hält man die Hand in eine der Felsspalten entlang des Weges, spürt man den kalten Luftzug. Die Ursache dürfte in den besonderen geologischen Verhältnissen der Matzen, welche von Höhlen und Kluftsystemen durchzogen ist, liegen. Der „Eiskeller" im Kalkstock liegt zwischen 1100 m und 1300 m Seehöhe und bewirkt eine tundrenartige Vegetation mit Flechten und Moosen, auch siebzigjährige Fichten erreichen nur Armdicke und wenige Meter Höhe.
Im Winter lassen wir das Auto beim Parkplatz Wieser stehen und gehen der Straße entlang zum Kroschlhof, von wo aus eine über 2,5 km lange Rodelbahn zum Ausgangspunkt zurückführt.

Wegverlauf

Ausgangspunkt für die Wanderung zum Eisloch ist der Gasthof Kroschlhof, von wo wir einen schönen Ausblick auf die Kirche von Mieger und die Saualpe sowie den Zirbitzkogel haben. Beim benachbarten Bauernhof vorbei führt der Weg mit der Markierung Nr.

636 vorbei an Bienenstöcken durch eine wunderschöne Berglandschaft mit Schmetterlingen und Orchideen am Wegrand. Der Waldweg mündet in eine Forststraße ein, die an einem kleinen Haus („Tannenheim") vorbeiführt. Nach ca. $^1/_4$ Stunde biegen wir rechts ab und gelangen leicht bergab auf eine große Wiese. Wir folgen einem relativ breiten Weg, müssen aber darauf achten, den kleinen Wegweiser mit der Aufschrift „Eis" nicht zu übersehen! Bei diesem biegen wir links auf einen schmalen Steig ein und erreichen nach ca. 100 m das Eisloch. Wir gehen diesen Steig dann wieder zurück und folgen dem breiten Weg um den kleinen Talkessel, wo wir links die tundrenartige Vegetation des Berghanges beobachten. Der Weg mündet dann wieder in denjenigen ein, auf dem wir gekommen sind. Beim Gasthof Kroschlhof gibt es Spielmöglichkeiten für Kinder, eine besondere Attraktion ist der Haushund Rocko, ein doppelnäsiger Dachshund.

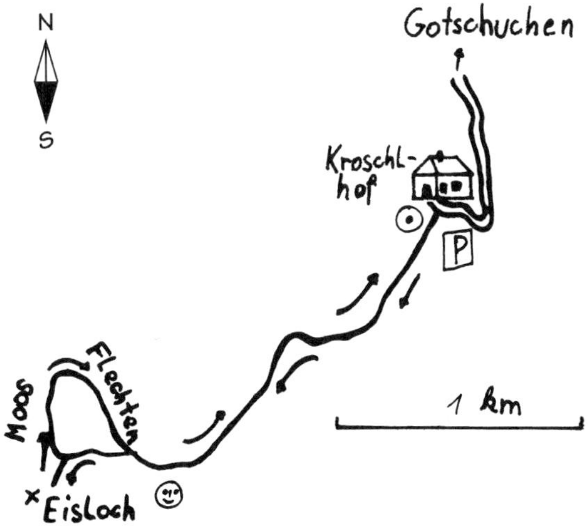

36 WILDENSTEINER WASSERFALL *Gehzeit:* 1 Std./

Höchster freifallender Wasserfall Europas

Alter: ab 3 Jahre
Ausgangspunkt: Parkplatz Gasthof Planteu in Wildenstein
Busverbindung: Bundesbus Linie 5356
Wegverlauf: Gasthof Planteu – Wasserfall und zurück
Stützpunkt: Gasthof Planteu
Was allen Spaß macht: Tosender Wasserfall, der von allen Seiten umrundet werden kann
Karten: sind nicht erforderlich

Der Wildensteiner Wasserfall, der vom Parkplatz aus nach einem kurzen Fußmarsch von $^1/_2$ Stunde leicht erreichbar ist, lohnt sich auch dann als Ausflugsziel, wenn man nicht so viel Zeit hat. Wegen seiner außergewöhnlichen Schönheit wurden der Wasserfall und seine Umgebung zum Naturdenkmal erklärt. Von über 50 m Höhe stürzen die Wasser in ein kleines Becken und fallen in einem steilen Bachbett rauschend weiter zu Tal. Der Zugang ist ein breiter, gut gesicherter Steig; gutes Schuhwerk ist trotzdem zu empfehlen, da der Weg stark von den Wurzeln der angrenzenden Bäume durchfurcht wird. Der kühle, feuchte Wind, den die tosenden Wasser des Falles aufwirbeln, macht einen Besuch an einem heißen Sommertag besonders empfehlenswert! Entlang kleiner Steige läßt sich der Wasserfall von allen Seiten umrunden. Diese Stelle ist auch Schauplatz einer alten Kärntner Sage: Eine verwunschene Jungfrau muß in Gestalt einer Schlange so lange auf ihre Erlösung warten, bis ein Mensch seinen Ekel überwindet und die Schlange küßt. Bisher ist dies nicht geschehen; die Jungfrau muß nun warten, bis in Wildenstein eine Fichte mit zwei Wipfeln wächst. Aus ihrem Holz wird die Wiege geschnitzt werden, in der ihr Erlöser schlummern soll.

Wegverlauf

Von der B 85 biegt man dem Wegweiser folgend Richtung Wildenstein ab. Der große Parkplatz beim Gasthof Planteu ist zwar ein Privatparkplatz und den Gästen vorbehalten, doch wird niemand etwas dagegen haben, wenn man sein Auto dort abstellt. Gleich davor ist ein kleiner öffentlicher Parkplatz. Dort kann man auch die ganze Sage über die verwunschene Jungfrau von Wildenstein an einer Tafel nachlesen.

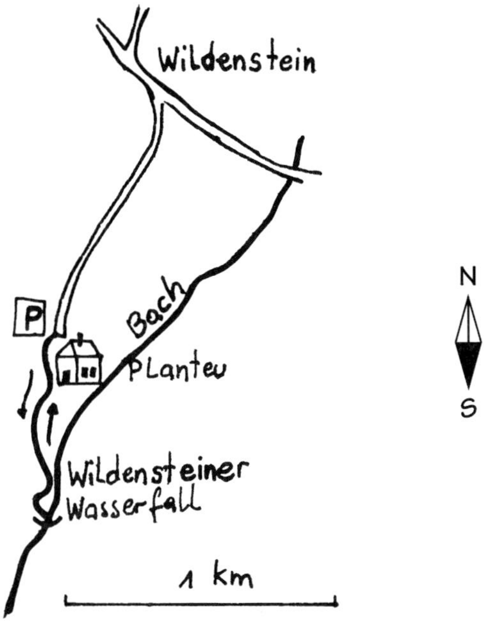

37 TRÖGERNER KLAMM (NATURSCHUTZGEBIET)

Gehzeit: 2 Std./

Wild zerklüftete Felsformationen aus Kalk

Alter: ab 0 Jahre

Ausgangspunkt: Parkplatz zu Beginn der Klamm
Der Ausgangspunkt ist mit öffentlichen Verkehrsmitteln nicht erreichbar

➜ *Wegverlauf:* Asphaltstraße durch die Trögerner Klamm und zurück

Stützpunkt: Bei der Abzweigung zur Klamm Gasthof Radlwirt, am Ende der Klamm Gasthof Franzl.
Im Sommer ist auch ein Würstelstand beim Parkplatz geöffnet

Was allen Spaß macht: Klettern im Bachbett
Sammeln schöner Steine

Karten: sind nicht erforderlich

Die Wanderung führt durch die wildromantische, von bizarren Felsformationen geprägte Klamm. Die asphaltierte Straße ist auch mit Kinderwagen benützbar, ältere Kinder können an manchen Stellen über Steige zum Bachbett des Trögernbaches, der sich tief in die Schlucht eingegraben hat, hinunterklettern. Immer wieder laden Rastplätze und Tische zu Wanderpausen ein. Gegen Ende der Klamm werden die Ufer flacher, wir können mit geeignetem Schuhwerk das Bachbett begehen und bei etwas Geduld auch Fische beobachten. Schautafeln entlang des Weges informieren über die Entstehungsgeschichte der Schlucht und die Zusammensetzung der verschiedenfarbigen, bunten Gesteine, die als kleines Mitbringsel gerne von Kindern gesammelt werden. Zeitig im Frühjahr blühen an den Hängen Schneerosen und Erika. Gehen wir im Bachbett noch weiter bachaufwärts, finden wir mit etwas Glück Kalkstücke mit versteinerten Muscheln (Fossilien), welche aus den Kalkfelsen ausgeschwemmt wurden.

Wegverlauf

In Eisenkappel biegen wir – dem Wegweiser folgend – Richtung Trögerner Klamm ab, welche wir nach ca. 9 km erreichen. Zu Beginn der Klamm stehen zwei Parkplätze zur Verfügung. Je nach Lust und Laune begeht man die Klamm in ihrer ganzen Länge oder kehrt auch früher wieder um.

Besonderheiten der Umgebung

Obir-Tropfsteinhöhlen

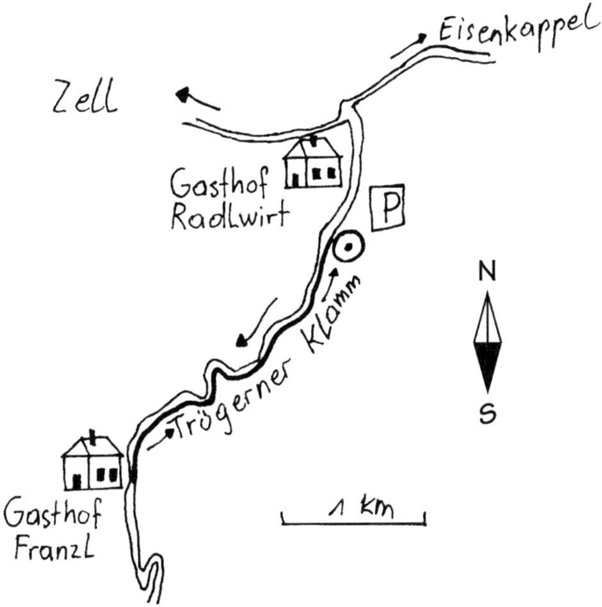

38 OBIR-TROPFSTEINHÖHLEN *Gehzeit:* 3 Std./

Eine bizarre Welt im Berg – Wanderung unter Tag

Alter: ab 4 Jahre
Ausgangspunkt: Hauptplatz Bad Eisenkappel
Busverbindung: Bundesbus Linie 5356
Wegverlauf: Haltestelle zum Zubringerbus – Obir-Höhle und zurück
Stützpunkt: verschiedene Gasthöfe in Bad Eisenkappel
Was allen Spaß macht: Schaubergwerk
unterirdischer See
Tropfsteine und Sinterwände
Karten: sind nicht erforderlich

Nicht nur für Bad Eisenkappel, für ganz Österreich bedeuten die neuerschlossenen Obir-Tropfsteinhöhlen eine große Attraktion. Die Höhlen liegen auf der Unterschäffleralpe, die einst ein florierendes Bergwerksrevier war. Mit dem Höhlenautobus gelangt man von Bad Eisenkappel aus durch den Woschitzgraben zur unterirdischen Wunderwelt, die sich in rund 1000 m Seehöhe auf der Nordseite des Hochobir in einem geschätzten Ausmaß von 5 km Länge erstreckt. Für die Besucher sind rund 1,3 km erschlossen. Insgesamt umfaßt der Höhlenrundgang 18 Stationen, darunter ein Schaubergwerk – ausgestellt sind verschiedene Bergbaugeräte. Nach Erklärungen über den Bergbau betreten wir die „Indische Grotte“, deren Inneres sehr an eine Tempelstadt erinnert. Sie bildet die Vorhalle zu einer 260 m langen Grotte, die uns mit prächtigen Sinterfahnen und einem 3 m hohen pagodenförmigen Stalagmiten in Staunen versetzt. Weitere Höhepunkte sind die „Orgel“, eine 12 m breite und 8 m hohe Sinterwand, und die „Kleine Grotte“, die nicht zu Unrecht als die schönste Höhle bezeichnet wird. Sie ist von bergbaulichen Ablagerungen frei geblieben und war einst die Kapelle der Knappen. Ein Sintersee, in dem sich die Tropfsteine spiegeln, und Sinterfahnen in verschiedenen Farben verzaubern uns hier!

Wegverlauf

Eine Zufahrt mit dem Privatauto bis zum Höhleneingang ist nicht möglich. Von Bad Eisenkappel aus werden die Besucher mit dem Höhlenbus bis zum Betriebsgebäude der Tropfsteinhöhlen gebracht, für die Fahrt und die Höhlenwanderung müssen wir drei Stunden einplanen. Die Höhlen sind von April bis Ende Oktober täglich von 9.15 Uhr bis 15.30 Uhr zu besichtigen, Kinder unter vier Jahren haben keinen Zutritt!

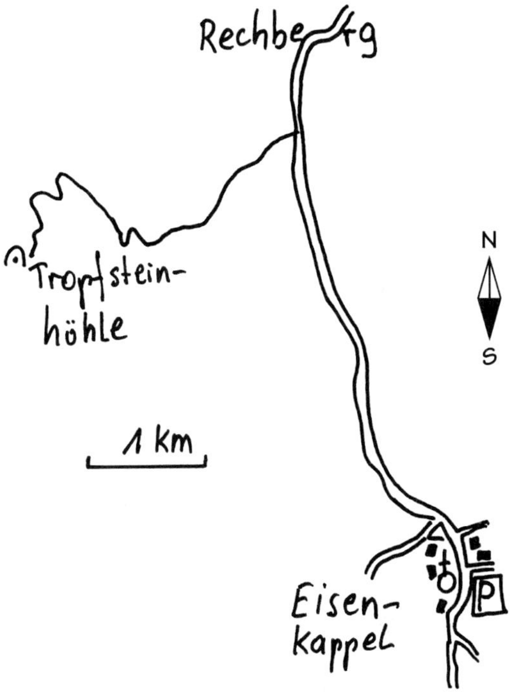

39 GRACARCA BEI UNTERBURG *Gehzeit:* 2 Std./

Prähistorische Siedlungsreste

Alter: ab 5 Jahre
Ausgangspunkt: Parkplatz am Ortsende von Unterburg
Der Ausgangspunkt ist mit öffentlichen Verkehrsmitteln nur schwer erreichbar
➜ *Wegverlauf:* Parkplatz Unterburg – Gracarca-Gipfel – Kapelle St. Daniel – Parkplatz
Stützpunkt: Gasthof Fichtenhof in Unterburg
Was allen Spaß macht: Waldlehrpfad
alte, schöne Bäume
Aussichtspunkte
Karten: Freytag & Berndt WK Nr. 232, 1: 50 000

Die Gracarca, ein südlich des Klopeinersees gelegener bewaldeter Höhenzug, weist am Gipfel Spuren einer jungsteinzeitlichen Siedlung auf. Reste davon sind noch zu sehen: Terrassenanlagen auf dem Gipfel lassen sich gut beobachten, in einem kleinen Museum in Unterburg neben dem Postamt sind die Fundstücke zu besichtigen. Auf dem Weg zum Gipfel machen Hinweistafeln auf Fundstellen aufmerksam.

Wegverlauf

Ausgangspunkt der Wanderung ist ein kleiner Parkplatz am Ortsende von Unterburg auf der Straße, die nach St. Kanzian weiterführt. Wir wählen an einer Weggabelung, wo man rechts auf den Georgiberg weitergeht, den gut gekennzeichneten Wanderweg Nr. 2 in Richtung Gracarca und Danielskapelle. Er führt zunächst an einem Zaun entlang in ein lichtes Waldgebiet, wo man mit zunehmender Höhe schöne Ausblicke auf den Klopeinersee und den Völkermarkter Stausee genießen kann. Kurz bevor wir den Gipfel erreichen, kommen wir an einem kleinen Hügel mit einem tiefen Loch vorbei. Die Bedeutung dieses Loches ist ungeklärt. Auf dem Gipfel steht wieder eine Informationstafel, die Terrassen der Siedlungsanlage sind noch gut erkennbar.
Knapp unterhalb des Gipfels macht eine Tafel auf eine Fundstelle aufmerksam, an der Reste von Tongefäßen und Webstuhlgewichten gefunden wurden. Wir folgen dem Weg Nr. 2 und gehen südlich unterhalb des Gipfels in Richtung Danielskapelle, die wir bald erreichen, und machen einen kleinen Rundgang durch den Fried-

hof. Von hier führt nun ein breiter Weg bergab zu einer Straße. Diese gehen wir ein kurzes Stück, biegen jedoch beim Bildstock gleich wieder auf den Weg Nr. 2 ab und wandern zwischen Wiesen und Feldern weiter. (Wer jedoch auch den Georgiberg besuchen möchte, zweigt vom Weg Nr. 2 nach links zum Einschnitt zwischen Gracarca und Georgiberg ab, um dort am höchsten Punkt rechts zur Kirche zu gelangen). Wir erreichen bald den kleinen Ort Oberburg, von wo aus der Weg nach der Straße weiterführt. Um die Asphaltstraße zu vermeiden, biegen wir dort von der Straße nach links in den Wald ab, wo rechts der Brünnlweg einmündet. Wir stoßen auf den Trimmlehrpfad und gehen wieder zurück zum Ausgangspunkt.

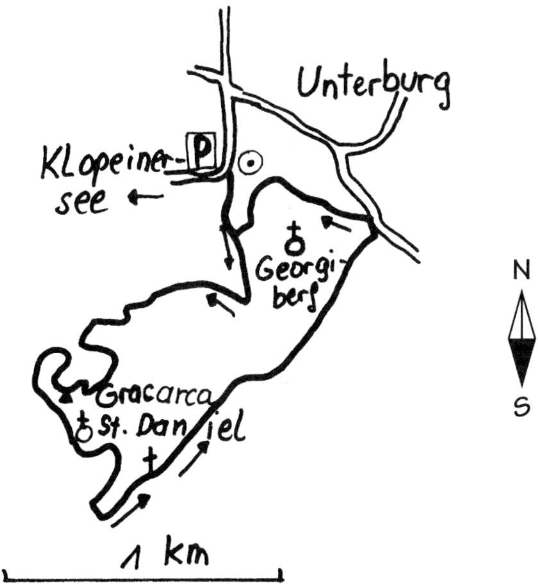

Prähistorisches Schwein von Gracarca (Tour 39)

Einfahrt zum „modernen" Schloß in Globasnitz (Tour 40)

In der Tropfsteinhöhle in Griffen (Tour 46)

Ausblick auf Griffen (Tour 46)

40 HEMMABERG – GLOBASNITZ *Gehzeit:* 1 Std./

Zurück in die römische und frühchristliche Geschichte Kärntens

Alter: ab 2 Jahre
Ausgangspunkt: Parkplatz auf dem Hemmaberg
Der Ausgangspunkt ist mit öffentlichen Verkehrsmitteln nicht erreichbar
Wegverlauf: Parkplatz Hemmaberg – frühchristliche Ausgrabungen – Rosaliengrotte – Parkplatz
Stützpunkt: Gasthaus Benetek, Gasthaus Skoff
Was allen Spaß macht: wunderschöne Blumenwiese
Felsgrotte mit Quelle
riesige alte Linde
„modernes" Schloß in Globasnitz
Karten: sind nicht erforderlich

Globasnitz liegt nahe dem Siedlungsgebiet der römischen Stadt Juenna, woher auch die Bezeichnung „Jauntal" für das umliegende Gebiet stammt. Im Ortszentrum sind die Fundstücke in einem kleinen Museum, in dessen Nähe drei römische Säulen stehen, zu besichtigen. Auskünfte erhält man im benachbarten Gemeindeamt. Schräg gegenüber hat sich ein begeisterter Schlösser-Liebhaber ein Haus gebaut, das an ein Märchenschloß erinnert: Stilgerecht mit Türmen, Türmchen und Zinnen geschmückt, ist es auf Anfrage beim Hausbesitzer auch zu besichtigen. Als sich in der Spätantike die Barbarenüberfälle häuften, zogen sich die Menschen auf die Anhöhe des Hemmaberges zurück, wo die Reste mehrerer frühchristlicher Kirchen freigelegt wurden. Die Rosaliengrotte mit der Quelle, deren Wasser bei Augenleiden heilsam sein soll, liegt etwas unterhalb in einem Felsabsturz. Die Wege sind zwar abgesichert, trotzdem Vorsicht beim Hinuntergehen! Die Decke der Grotte ist an einer Stelle eingebrochen, man kann von oben hinuntersehen. Der Sage nach hat die hl. Rosalia eine Jungfrau, welche sich vor ihren Verfolgern durch einen Sprung in dieses Loch retten wollte, in ihren Armen aufgefangen.

Wegverlauf

Wir fahren mit dem Auto vom Ortszentrum Globasnitz Richtung Hemmaberg. Nach ca. $2^1/_2$ km erreichen wir einen kleinen Parkplatz mit einer alten Buche und einem Bildstock. Von dort führt ein Weg über eine wunderschöne Blumenwiese zur kleinen Kirche

St. Hemma, vor der eine uralte Linde steht, und zum Grabungsgelände. Richtung Rosaliengrotte gehen wir wieder bis zur Kirche zurück und den schmalen, steilen Weg bis zur Grotte, in der eine kleine Skulptur vom bekannten Kärntner Maler Suitbert Lobisser steht. Der Rückweg zum Parkplatz führt wieder zur Blumenwiese und ist auch für kleinere Kinder problemlos zu gehen. Die angegebenen Gasthöfe sind zu erreichen, wenn man die Straße in Richtung Altendorf weiterfährt.

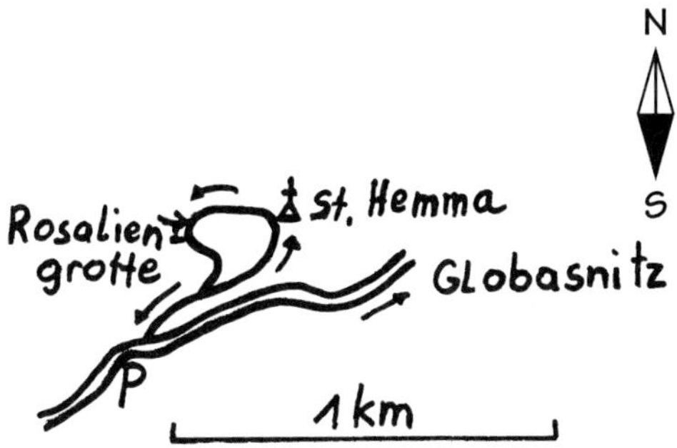

41 PETZENKÖNIG *Gehzeit:* 1–1 1/2 Std./

Im Reiche der Petzenbären

Alter: ab 3 Jahre
Ausgangspunkt: Parkplatz beim Familienhotel „Petzenkönig"
Der Ausgangspunkt ist mit öffentlichen Verkehrsmitteln nicht erreichbar
➜ *Wegverlauf:* Parkplatz – Schmelz – verlassener Bauernhof – Parkplatz
Stützpunkt: Familienhotel „Petzenkönig"
Was allen Spaß macht: Pflanzen und Tiere im Wald kennenlernen
Erlebnisspielplatz
Spielen am Bach
Fußerfahrungsweg
Karten: Freytag & Berndt WK Nr. 232, 1:50 000

Ein großes Herz für Kinder hat die Familie Neubersch, welche das Familienhotel Petzenkönig am Fuße der Petzen in St. Michael bei Bleiburg betreibt. Der Familienwanderweg mit seinen Stationen, die viel Interessantes über die Pflanzen und Tiere der Umgebung vermitteln, steht nicht nur den Hotelgästen, sondern auch allen Besuchern dieses wunderschönen Gebietes offen. Wir wandern vom Parkplatz beim Hotel am Petzensee vorbei über den Familienwanderweg, der mit Petzenbären hellblau markiert ist, zur alten Schmelz: Dort steht am Feistritzbach der letzte Bleischachtofen Europas, der daran erinnert, daß in diesem Gebiet bis zum Anfang des 20. Jahrhunderts Blei- und Zinkerze abgebaut wurden. Wir sehen im Verlauf des Weges auch den großen, verfallenen Stall eines verlassenen Bauernhofes, Zeuge der wirtschaftlichen Probleme in entlegenen ländlichen Gebieten. Der „Fußerfahrungsweg" des Familienwanderweges führt uns barfuß über Grobes, Feines, Rauhes, Hartes und kleine Hindernisse. So erfahren wir den federnden Waldboden mit besonders intensivem Gefühl und entdecken dabei die frischen Wälder und farbenfrohen Wiesen!

Wegverlauf

Vom Parkplatz aus gehen wir zwischen Hotel und Stallgebäude zum Petzensee und weiter zum Wald (gelbe und blaue Markierung,

P 1 bzw. P 10). Wir halten uns an die blaue Markierung bis zur Schmelz, gehen links die Straße entlang über die Brücke und weiter bergauf. Bei Wegkreuzungen halten wir uns rechts und kommen durch einen Jungwald zu dem verfallenen Bauernhof, von dort über die Wiese zu einem weiteren Gehöft. Wir gehen daran vorbei (Markierung gelbe Punkte) bis zur Straße und folgen dem Familienwanderweg mit seinen Stationen zurück zum Hotel.

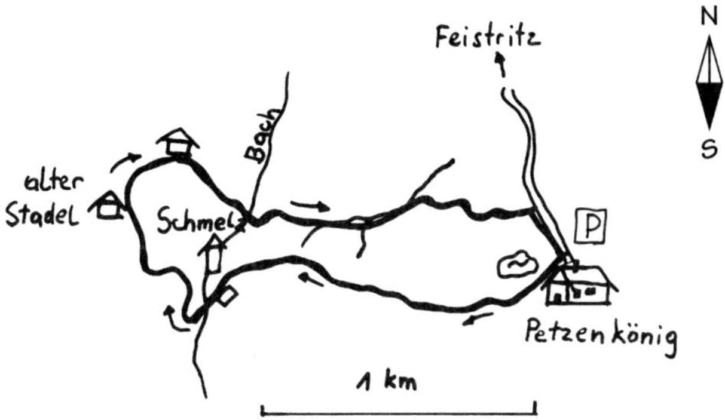

42 RINKENBERG *Gehzeit:* $1\frac{1}{2}$ Std./

Wanderung im zweisprachigen Gebiet Kärntens

Alter: ab 4 Jahre
Ausgangspunkt: Kirche in Rinkenberg
Der Ausgangspunkt ist mit öffentlichen Verkehrsmitteln nur schwer erreichbar
Wegverlauf: Rinkenberg – Rinkolach – Rinkenberg
Stützpunkt: Gasthof Roschitz, Gasthof Florianiwirt
Was allen Spaß macht: Bildstock mit Rastplatz
tief eingeschnittene Hohlwege
naturbelassene Wälder
Karten: Wanderkarten der Gemeinde Bleiburg

Der Sage nach erschien einem Bauern in Rinkenberg einst ein altes Weiblein, welches ihm sagte, daß seine Kuh schwarze Zwillingskälber werfen würde. Diese sollte er, wenn sie drei Wochen alt sind, vor einen Karren spannen und zu einem Steinhaufen am Weg von Replach nach Rinkenberg fahren, wo er ein Faß mit Geld finden würde. Der Bauer tat, wie sie im geheißen hatte, und fand wirklich ein Faß mit Goldstücken. Aus Freude über seinen Fund sprach er zu sich: „Jetzt hab ich's schon!" Da verschwand das Faß mit lautem Donner, und das alte Weiblein blieb unerlöst.
Rinkenberg ist ein kleines Dorf nördlich von Bleiburg, einer kleinen, aber sehr reizvollen Stadt im Herzen des Jauntales. Der Wanderweg führt durch lichten Föhrenwald und lädt zur Naturbeobachtung und zum Spielen ein. Der Waldboden ist dicht mit Heidekraut und Moos bewachsen. Im Verlauf der Wanderung kommen wir auch an alten Südkärntner Bauernhöfen vorbei, welche leider wegen der hohen Erhaltungskosten der alten Gebäude immer seltener werden. Nach der kleinen Ortschaft Rinkolach, wo wir einen schönen Ausblick auf die Petzen genießen, führt der Wanderweg durch einen steil eingeschnittenen Hohlweg ca. 500 m bergauf, doch können wir uns nach dem anstrengenden Anstieg bei einem alten Bildstock mit Bänken und Tisch erholen!

Wegverlauf

Ausgangspunkt ist die Kirche in Rinkenberg. Wer mit dem Auto kommt, parkt es in der Nähe der Kirche, doch sind die Parkmöglichkeiten sehr beschränkt! Der Weg führt zunächst entlang der asphaltierten Straße nach Norden. Bei einer kleinen Gehöftgruppe geht er in einen Feldweg über, der sich bald gabelt. Wir nehmen den linken Weg durch den Wald Richtung Westen. Nach ca. 1,5 km biegt er nach Süden ab in Richtung Rinkolach. Am Ortsende gehen wir an einem großen Gehöft vorbei nach links weiter und wandern über eine große Wiese zum Waldrand. Dort gabelt sich der Weg in drei Feldwege auf. Wir nehmen den linken, tief eingeschnittenen Hohlweg und steigen den Berg hinauf bis zum alten Bildstock. Von dort führt der Weg geradewegs zum Ausgangspunkt zurück.

Besonderheiten der Umgebung

Renaissance-Schloß Bleiburg
Werner-Berg-Galerie
Freibad in Bleiburg

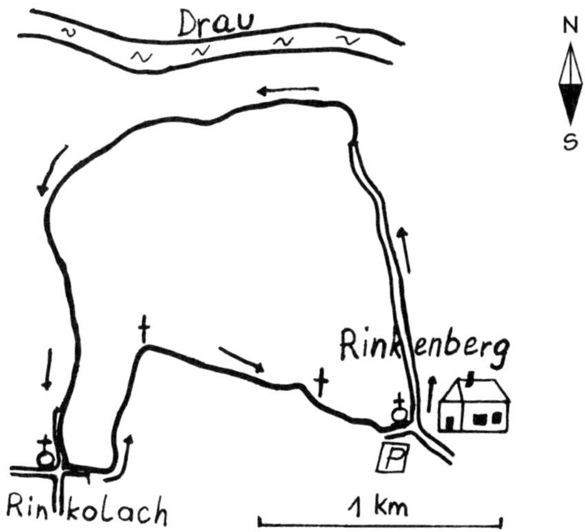

43 WASSERERLEBNISWEG PUDLACH *Gehzeit:* 1 Std./

Genußwanderung am Bach entlang (s. Umschlagfoto)

Alter: ab 2 Jahre

Ausgangspunkt: Parkplatz Gasthof Sternjak
Der Ausgangspunkt ist mit öffentlichen Verkehrsmitteln schlecht erreichbar

➜ *Wegverlauf:* Gasthof Sternjak – Drauufer – Mündung des Motschulabaches – Motschulabach – Gasthof Sternjak

Stützpunkt: Gasthof Sternjak

Was allen Spaß macht: Spielen und Plantschen im Wasser
wildromantischer Bachlauf

Karten: Broschüre des Fremdenverkehrsvereins Neuhaus zum Wassererlebnisweg

Dieser Ausflug ist so richtig nach dem Geschmack aller Kinder, welche sich an einem heißen Sommertag im seichten Wasser eines Baches austoben wollen! Die Gemeinde Neuhaus hat einen ca. 1 km langen Wassererlebnisweg in Pudlach angelegt. Man fährt die Straße von Lavamünd nach Neuhaus am Südufer des Draustausees und biegt zwischen km 32 und 31 nach rechts zum Gasthof Sternjak ein. Dort ist auch eine ausführliche Broschüre zum Wassererlebnisweg um öS 25.– erhältlich. Ohne diese Unterlage bietet der Weg nicht sehr viel Information, da nur vier Schrifttafeln aufgestellt wurden. An den einzelnen Haltepunkten – insgesamt sind es 19 – erfahren wir mit Hilfe der Broschüre viel Wissenswertes über das Wasser, seine Eigenschaften, die Lebewesen, seine Nutzung und seine Heilwirkung. Man kann aber auch nur die Schönheit des Weges genießen! Zunächst wandern wir durch ein lichtes Wäldchen zum Ufer des Draustausees und von dort zur Mündung des Motschulabaches. An heißen Sommertagen kann man nun den Bachlauf entlanggehen oder im seichten Wasser spielen. Bei kühlerem Wetter empfiehlt es sich, Stiefel und Handtuch mitzunehmen. Wir müssen den Bach mehrmals überqueren, die „Brücken" bestehen aus großen Steinen, die ins Bachbett gelegt wurden. Nach stärkeren Regenfällen können diese Steine überschwemmt sein, und man holt sich nasse Füße! Es lohnt sich, hier einige Zeit in der ursprünglichen Aulandschaft des Motschulabaches zu verweilen!

Wegverlauf

Wir parken das Auto beim Gasthof Sternjak und gehen die schmale asphaltierte Straße in Richtung Wassererlebnisweg (Schild!). Der Verlauf des Weges ist gut markiert (Holzpfeile mit zwei Wassertropfen), es gibt keine Möglichkeit, sich zu verirren.

Besonderheiten der Umgebung

Schaumahlen in der alten Patek-Mühle in Bach, Neuhaus

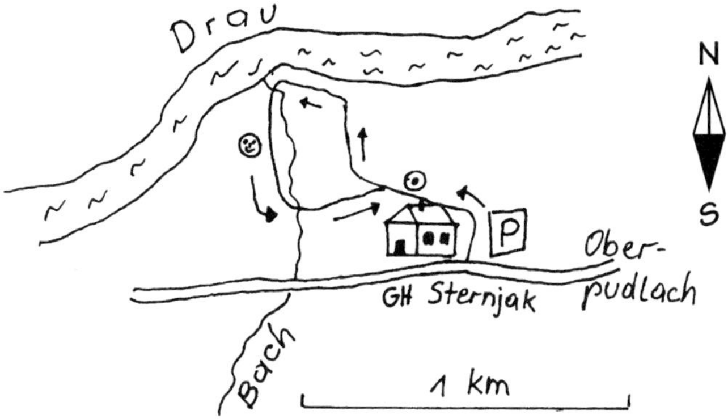

44 GEOLOGISCHER LEHRPFAD NUSSBERG – KASPARSTEIN

Gehzeit: 3 Std./

Eine Wanderung durch die Erdgeschichte

Alter: ab 6 Jahre

Ausgangspunkt: Russkreuz am Nussberg bzw. Gasthof Kasbauer
Der Ausgangspunkt ist mit öffentlichen Verkehrsmitteln nicht erreichbar

Wegverlauf: Russkreuz – Rottensteiner Kapelle – Kasparstein – Gasthaus Kasbauer – Russkreuz

Stützpunkt: Gasthaus Kasbauer

Was allen Spaß macht: Entdecken der verschiedenen Gesteinsschichten
alter Kalkbrennofen beim Gasthaus Kasbauer
Erklettern des Kasparsteines

Karten: Broschüre des Fremdenverkehrsvereines Lavamünd

Warum sollte man bei einer Wanderung nicht Erholung mit Lehrreichem verbinden? Diese Wanderung bietet dafür ausreichend Gelegenheit! Die Gemeinde Lavamünd legte einen geologischen Lehrpfad an, wo an 10 Stationen erklärt wird, welche Gesteinsschichten vom Erdaltertum vor 500 Millionen Jahren bis zum Erdmittelalter vor 212 Millionen Jahren, als die Saurier lebten, in Kärnten aufgeschichtet und abgelagert wurden. Eine ausführliche Broschüre mit Beschreibung des Wanderweges ist beim Fremdenverkehrsverein Lavamünd und im Gasthof Kasbauer erhältlich. Doch auch ohne diese Broschüre erfahren wir aus den Informationstafeln viel Wissenswertes. Der Lehrpfad beginnt beim Russkreuz am Nussberg mit einer Informationstafel. Wir erreichen es – aus Richtung Wolfsberg nach Lavamünd fahrend –, indem wir beim Gasthof Neuwirt nach rechts Richtung Zeil abbiegen. Nach ca. 300 m biegen wir wieder nach rechts auf den Nussberg ab und erreichen nach ca. 2,5 km das Russkreuz, eine Gedenkstätte an die Zeit des Abwehrkampfes. Ein Einstieg in den Lehrpfad ist auch beim Gasthaus Kasbauer möglich. Dieses erreichen wir, indem wir von der Straße Lavamünd – Völkermarkt zwischen km 21 und km 20 nach rechts Richtung Gasthof Kasbauer – Geologischer Lehrpfad – abbiegen (Wegweiser). Der Lehrpfad beginnt beim Russkreuz mit einer Informationstafel, die erste Station folgt dann nach etwa 600 m.

Der Weg ist gut beschildert und nicht zu verfehlen! Kurz nach Station 6 biegt ein Weg rechts zum Gasthof Rabensteinerhof ab (siehe Wanderung Nr. 11) und ein Weg nach links zum Gasthaus Kasbauer. Der Lehrpfad führt geradeaus weiter auf den Kasparstein. Der Anstieg ist jedoch sehr steil und anstrengend und für kleinere Kinder und ältere Leute nicht zu empfehlen! Die Station 7 b befindet sich auf halber Höhe des Kasparsteines und enthält die gleiche Information wie die Station 7 a auf der höchsten Erhebung des Berges. Wer die Mühe des „Gipfelsturmes“ auf sich nimmt, wird mit einem prächtigen Rundblick auf das Drautal, den Kömmel und die Karawanken belohnt! Hinter dem Gasthaus befinden sich Reste eines alten Kalkbrennofens, der noch bis zum Jahr 1959 in Betrieb war.

Wegverlauf

Der Lehrpfad ist sehr gut beschildert, es besteht keine Gefahr, sich zu verirren.

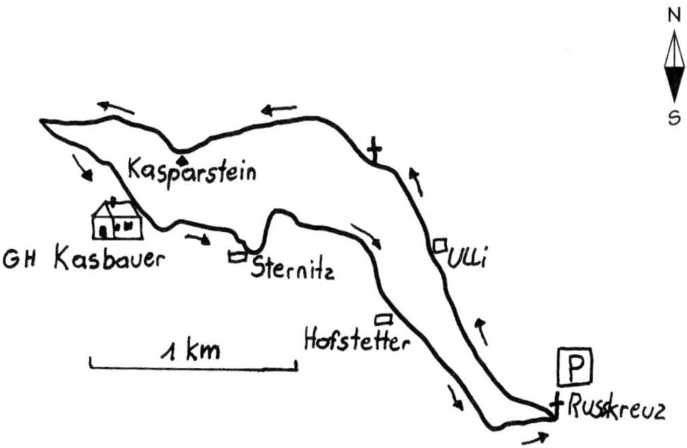

45 RUINE RABENSTEIN *Gehzeit:* 2 Std./

Vom Stift St. Paul zur romantischen Ruine Rabenstein

Alter: ab 5 Jahre

Ausgangspunkt: Meierei des Stifts St.Paul

Bus- bzw. Bahnverbindung: Bundesbus Linien 5364, 5466
Bahnlinie Klagenfurt – Wolfsberg

Wegverlauf: Meierei St. Paul – Waldlehrpfad – Ruine Rabenstein – Gasthof Johannesmesner – Meierei St. Paul

Stützpunkt: Gasthof Rabensteinerhof, Gasthof Johannesmesner

Was allen Spaß macht: Waldlehrpfad
Ruine auf mächtigem Burgfelsen
im Winter Rodelbahn ab Gasthof Johannesmesner

Karten: Freytag & Berndt WK Nr. 237, 1:50 000

Das beeindruckende Benediktinerstift St. Paul im Lavanttal, die Ruine Rabenstein mit dem mittelalterlichen, aus Steinen erbauten Gasthof Rabensteinerhof und der alte Gasthof Johannesmesner sind die Besonderheiten dieses Wanderweges. Die 1091 gegründete Benediktinerabtei ist das älteste, heute noch wirkende Kloster Kärntens und das kulturelle und geistige Zentrum des Lavanttales. Die St. Pauler Berge, Ziel unserer Wanderung, bilden eine 18 km lange Hügelkette zwischen Jauntal und Granitztal und bieten herrliche Ausblicke in das Lavanttal, auf die Koralpe und Saualpe sowie nach Süden in das Jauntal. Die Ruine Rabenstein wird derzeit restauriert und ist mit Führung begehbar. Der alte Gasthof Rabensteiner war ursprünglich der Wirtschaftshof der Burganlage und hat sich seinen mittelalterlichen Charakter bis heute bewahrt. Im Gasthof Johannesmesner ist die sogenannte Lobisser-Stube mit Bildern und Holzschnitten des ehemaligen Benediktinermönches Siutbert Lobisser sehenswert, der mit der Wirtsfamilie in enger freundschaftlicher Beziehung stand. Im Winter ist die Abfahrt nach St. Paul auf einer gut ausgebauten und abgesicherten Rodelbahn möglich.

Wegverlauf

Ausgangspunkt unserer Wanderung ist die Meierei des Stifts St. Paul. Wer mit dem Auto kommt, parkt es am besten im Hof der

Meierei (Parkplatz 5). Wir gehen ein kurzes Stück die Straße in Richtung Johannesberg. Links zweigt ein Fußweg zum Johannesberg ab, wir halten uns aber rechts und gehen die asphaltierte Straße Richtung Waldlehrpfad, Wegmarkierung Nr. 306 des Österr. Alpenvereins, rot-gelb. Man könnte auch den Forstweg Richtung Rabenstein und St. Martin wählen, der Waldlehrpfad ist jedoch weitaus interessanter, teilweise führt er durch dichten, wild verwachsenen Jungwald. Sobald wir auf die Anhöhe gelangen, taucht rechts schon die Ruine Rabenstein auf. Die trutzigen Mauerreste lassen noch die Größe der ehemaligen Burg erkennen! Vom Gasthof Rabensteinerhof aus gehen wir an dem Geräteschuppen mit Wappen vorbei auf dem nicht markierten Weg über die Wiese in Richtung der kleinen Schottergrube, die wir schon vom Gasthof aus erkennen können. Wir gehen unterhalb der Schottergrube vorbei durch einen kleinen Wald und gelangen auf eine große Wiese, von wo aus wir die Kirche und den Gasthof am Johannesberg sehen können. Oberhalb der Wiese spazieren wir in Richtung Schießstätte und von dort zum Gasthof Johannesmesner, dann den Weg entlang der Rodelbahn (Markierung rot-weiß-rot) zurück zum Ausgangspunkt, der Meierei St. Paul.

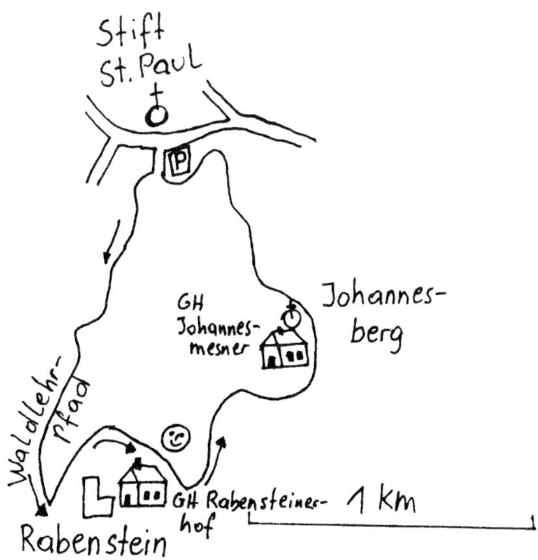

46 GRIFFEN

Gehzeit: $1^1/_2$ Std./

Zur Höhle der Steinzeitjäger

Alter: ab 3 Jahre
Ausgangspunkt: Parkplatz bei der Kirche Griffen
Busverbindung: Bundesbus Linie 6120
Wegverlauf: Parkplatz Kirche – Rakounig – Altenmarkt – Stift Griffen – Tropfsteinhöhle beim Parkplatz
Stützpunkt: Gasthof Stifterwirt im Stift Griffen, Gasthöfe in Griffen
Was allen Spaß macht: Schloßberg mit Ruine
Spielen am Bach
Tropfsteinhöhle
Felsblöcke zum Klettern
Karten: sind nicht erforderlich

Diese Wanderung führt uns in die kleine Unterkärntner Marktgemeinde Griffen, deren besondere Attraktionen der mitten im Ort steil aufragende Kalkfelsen mit den Resten einer weitläufigen Burganlage und die im Burgfelsen befindliche Tropfsteinhöhle sind. In dieser Höhle, welche erst gegen Ende des Zweiten Weltkrieges entdeckt wurde, fand man Reste von steinzeitlichen Werkzeugen und die Knochen von Mammut, Höhlenbär, Wollhaarnashorn, Höhlenhyäne und Riesenhirsch (die Funde sind im Landesmuseum in Klagenfurt zu besichtigen). Unser Weg führt rund um den Felsen des Schloßberges entlang einer teils asphaltierten, teils mit Schotter befestigten Straße zum Stift Griffen. Das alte, 1236 gegründete Prämonstratenserstift ist leider in einem bedauernswerten Zustand: Überwachsene Mauern und abbröckelnde Fassaden sind deutliche Zeichen des Verfalls, trotzdem läßt sich die Großartigkeit der alten Anlage noch deutlich erahnen. An den teilweise zusammengestürzten Mauern des alten Obstgartens entlang führt uns der Weg zum Bett des Grafenbaches und weiter – zwischen Feldern und Wiesen – zu einem kleinen, bewaldeten Felskegel mit großen Felsblöcken, die zum Klettern verlocken. Nach längerer oder kürzerer Kletterpause führt der Weg zurück nach Griffen, wo wir die Tropfsteinhöhle als Abschluß unserer Wanderung besichtigen. In der warmen Jahreszeit ist der Besuch mit Führung möglich, die Eintrittskarten erhält man hinter der Kirche in Griffen bei einem kleinen Kiosk. Die Führung dauert ca. $^1/_2$ Stunde und gibt uns Einblick in das beschwerliche Leben der Steinzeitjäger, welche vor 20.000 bis 30.000 Jahren hier lebten.

Wegverlauf

Ausgangspunkt ist ein Parkplatz an der Hauptstraße nahe der Kirche. Hinter der Kirche gehen wir nach Norden und biegen bei einer Hinweistafel Richtung Kleindörfl – Rakounig nach links ab. Wir folgen der Straße, bei einem kleinen Teich gehen wir links weiter bergauf. An der höchsten Stelle des Weges gehen wir wieder links bergab, vorbei an einem Wegkreuz, und durch den Ortsteil Altenmarkt bis zu einer Wegkreuzung. Wir biegen bei der Tafel „Stift Griffen" nach rechts und folgen der breiten Straße entlang zum Stift, das schon von weitem zu sehen ist. Beim Stift gehen wir neben der Kegelbahn den Feldweg am Bach entlang, dann weiter entlang der Steinmauer zu einer Wegkreuzung, wo wir nach links in Richtung des kleinen, bewaldeten Felskegels weiter wandern. Kurz nach der Tischlerei Skoff erreichen wir die Bundesstraße und spazieren entlang des Geh- und Radweges zur Kirche zurück.

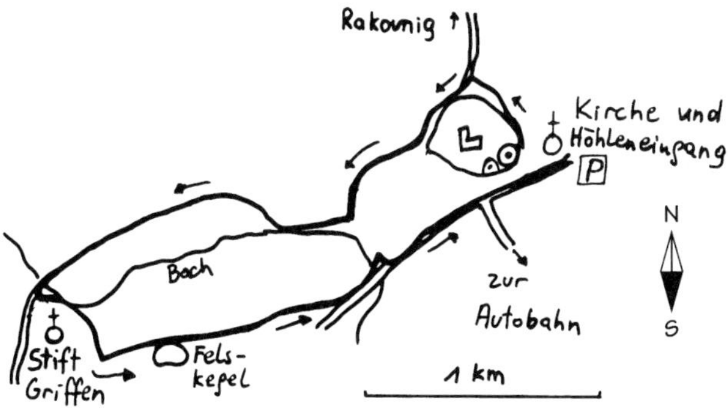

47 ZAUBERKOGEL BEI DIEX *Gehzeit:* $1\frac{1}{2}$–2 Std./

Wo Hexen und Feen tanzen

Alter: ab 3 Jahre

Ausgangspunkt: Parkplatz beim Rußkreuz auf der Straße von Diex nach Bösenort
Der Ausgangspunkt ist mit öffentlichen Verkehrsmitteln nicht erreichbar

➜ *Wegverlauf:* Rußkreuz – Wiese unterhalb Zauberkogel – verlassener Bauernhof – Straße zurück zum Parkplatz

Stützpunkt: mehrere Gasthöfe in Diex

Was allen Spaß macht: „Zauberwiese" zum Spielen
schöner Ausblick auf Unterkärnten
viele Ameisenhäufen im Wald

Karten: Freytag & Berndt WK Nr. 237, 1:50 000

Der Zauberkogel ist mit 1214 m Höhe die höchste Erhebung der südlichen Saualpen-Ausläufer. Der Name scheint erstmals 1827 im Franziszeischen Kataster auf und dürfte auf die Zeit der Hexenprozesse zurückgehen; überdies ist der Gipfel des Zauberkogels ein Konzentrationspunkt schwerer Gewitter, so daß er im Volksglauben – begünstigt durch die romantischen Geschichten der Märchenerzähler des frühen 19. Jahrhunderts – zum „Zentrum des Bösen" wurde, ein kärntnerisches Pendant zum Brocken oder Blocksberg, der nur von Hexen, Zauberern und Teufeln, von Saligen Frauen, Waldgeistern und Zwergen bevölkert wurde. Nicht weniger als 30 Sagen sind von der näheren Umgerbung des Zauberberges aufgezeichnet. Möglicherweise war die große Wiese südlich unterhalb des Gipfels, die „Hoidel-Alm", ein keltisch-römischer Kultort, an dem geopfert und gefeiert wurde, diese Annahme ist jedoch nach heutigem Wissensstand nicht beweisbar. Der Name Diex dürfte jedoch auf keltische Bezeichnungen zurückgehen. Heute können wir Pendler, Rutengeher und esoterisch Interessierte auf dem Zauberberg antreffen, da her die „Erdstrahlung" besonders intensiv sein soll. Der Gipfel ist heute bewaldet und daher die Aussicht von dort auch nicht sehr gut, es führt auch kein Weg hinauf; von der Hoidel-Alm aus können sich „Gipfelstürmer" selbst einen Weg zur höchsten Erhebung suchen.

Wegverlauf

Wir parken das Auto am Rand der Straße von Diex nach Bösenort beim sogenannten Rußkreuz, wo sich auch Wegweiser mit der Bezeichnung der Wanderwege befinden. Der Weg zum Zauberkogel führt zunächst durch schönen Nadelwald, wir stoßen dann auf den Wanderweg II und gehen weiter bis zur großen Wiese und zu ihrem südlichen Rand, wo wir einen wunderschönen Ausblick genießen. Der Weg führt dann weiter bergab, durch einen Hohlweg (Markierung rot-weiß-rot), an einem alten Holzkreuz bei einer Lärche vorbei. Dort, wo der Weg flacher wird, biegen wir in spitzem Winkel nach rechts in Richtung eines verlassenen Bauernhofes ab. Oberhalb des Hofes gehen wir an der Süd- und Westseite des Berges entlang Wanderweg II, bis wir bei einem Bildstock die Straße von Bösenort nach Diex erreichen und zurück zum Parkplatz gehen.

Besonderheiten der Umgebung

Wehrkirchen von Diex und Grafenbach
Ruinen in Mittertrixen

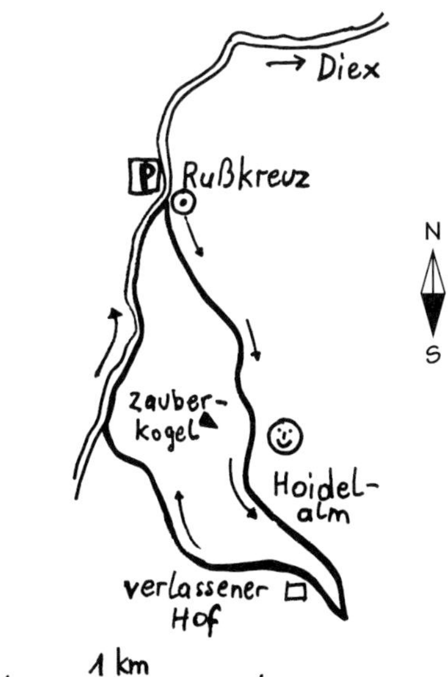

48 KLEINER SAUOFEN

Gehzeit: 3–3 1/2 Std./

Wo die Bäume Bärte tragen

Alter: ab 6 Jahre

Ausgangspunkt: Steinerhütte
Der Ausgangspunkt ist mit öffentlichen Verkehrsmitteln nicht erreichbar

Wegverlauf: Steinerhütte – Kleiner Sauofen (1830 m) – Speikkogel (1901 m) – Wolfsbergerhütte – Steinerhütte

Stützpunkt: Druckerhütte, Wolfsberger Hütte

Was allen Spaß macht: flechtenbewachsene, alte Bäume
wunderschöner Fernblick
Almweiden

Karten: Freytag & Berndt WK Nr. 236, 1:50 000

Da sich die Saualpe wegen ihrer sanft gerundeten Höhen und schönen Almmatten als Wandergebiet für Kinder sehr gut eignet, haben wir hier zwei Wanderungen unternommen. Diesmal wählten wir als Ausgangspunkt die Steinerhütte. In Eberstein biegen wir in die schmale Straße Richtung St. Oswald ab, von dort führt ein sehr schmaler Weg zur Druckerhütte und weiter zur Steinerhütte, wo er endet (ab Eberstein ca. 11 km). Unsere Wanderung führt zunächst durch einen Bergwald, wo die alten, zerzausten Bäume dicht mit Flechten bewachsen sind und wir fast erwarten, daß ein Wichtelmännchen oder ein Berggeist hinter dem Felsen hervorlugt! Bald erreichen wir nach Überwinden der Baumgrenze die weiten Almwiesen, die an schönen Tagen weite Ausblicke ins Tal ermöglichen. Vom Kleinen Sauofen aus genießen wir eine besonders weite Fernsicht: von der Pack- und Koralm über Karawanken, Dobratsch, Norische Alpen bis zu den Hohen Tauern und zum Großglockner! Die Saualm ist auch sehr reich an verschiedenen Mineralien: Immer wieder finden wir interessante Steine am Weg.

Wegverlauf

Von der Steinerhütte aus wenden wir uns zur Talstation des Lifts und gehen den breiten Forstweg weiter, Markierung Nr. 342, rot-weiß-rot. Wir biegen dann nach links auf den Weg Nr. 339 ab, er führt oberhalb der Waldgrenze zum Kleinen Sauofen. Bei schönem Wetter können wir nach Lust und Laune entweder den Großen Sauofen (1895 m) oder den Speikkogel (1901 m) bezwingen; ein

Verirren ist nicht möglich, da das Gelände wegen des fehlenden Waldes sehr übersichtlich ist. Von der Wolfsberger Hütte aus genießen wir einen schönen Blick über das Lavanttal. Wir wandern dann direkt in Richtung Steinerhütte, die wir im Tal sehen können, zurück und stoßen auf den Weg Nr. 342, der uns zum Ausgangspunkt zurückführt.

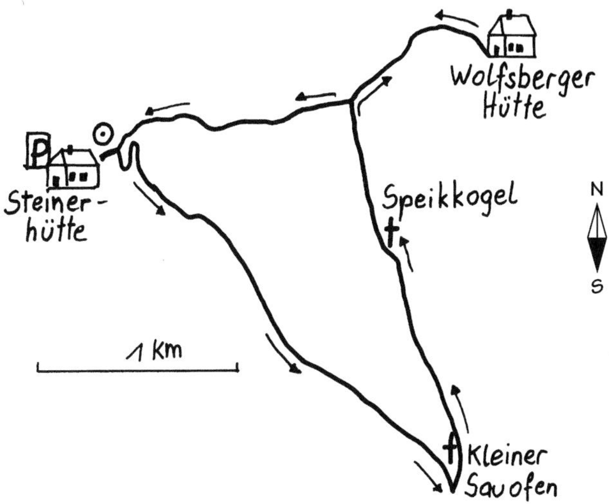

49 SAUALPE – GERTRUSK *Gehzeit:* 3 Std./

Den Bach entlang bis zur Quelle

Alter: ab 5 Jahre

Ausgangspunkt: Weißberger Hütte
Der Ausgangspunkt ist mit öffentlichen Verkehrsmitteln nicht erreichbar

→ *Wegverlauf:* Weißberger Hütte (1607 m) – Bergbach – Eisernes Kreuz (1958 m) – Gertrusk (2044 m) – Weißberger Hütte

Stützpunkt: Weißberger Hütte

Was allen Spaß macht: Gehen entlang des Bergbaches
Quelle
schöne Steine
Kinderspielplatz

Karten: Freytag & Berndt WK Nr. 236, 1:50 000

Weit erstreckt sich der markante, runde Rücken der Saualpe parallel zum Lavanttal von Norden nach Süden – woher der Name Saualpe stammt, ist nicht bekannt. Die weiten Almmatten oberhalb der Waldgrenze laden zu ausgedehnten Wanderungen ein und erlauben einen ungetrübten Blick weit ins Tal. Unser Weg führt entlang eines Bergbaches, wir folgen ihm bergwärts, bis wir zu seinen Qellen gelangen.

Wegverlauf

Als Ausgangspunkt wählen wir die Weißbergerhütte, welche man von Wieting aus auf einer schmalen Bergstraße erreicht.
Wir gehen unterhalb der Hütte an der Talstation des Liftes vorbei Richtung Wald, wo wir dem Bach folgen. Zunächst ist hier noch ein Steig erkennbar, mit zunehmender Höhe verliert er sich aber. Wir folgen unbeirrt dem Bachbett und behalten unsere Richtung bei. Weiter oben verzweigt sich der Bach in mehrere Zuflüsse, wir halten die Richtung und gelangen schließlich zur Quelle, die bereits oberhalb der Waldgrenze liegt. Gutes Schuhwerk ist auf jeden Fall erforderlich! Dann steigen wir bis zum Grat der Saualpe auf, von wo wir einen wunderbaren Fernblick genießen. Links erkennen wir das Eiserne Kreuz, welches von Erzherzog Franz Ferdinand und Fürstin Sophie von Hohenberg im Jahre 1906 gestiftet wurde. Nun gehen wir nach rechts weiter zum Gipfel des Gertrusk (2044 m) mit dem Gipfelkreuz. Immer wieder fallen schöne Glimmerschiefer mit

Blick auf Diex (Tour 47)

Saualpe mit Wolfsbergerhütte (Tour 48)

weißen Quarzbändern auf. Der Gipfel ist mit einem Zaun umgeben, wir übersteigen ihn an den Stellen, wo Holzpfosten liegen. Der Ostabfall ist steil und felsig, bitte Vorsicht! Unterhalb des Grates liegen einige Meeraugen (kleine Seen). Nun wenden wir uns nach Norden und gehen zum Eisernen Kreuz. Von dort aus führt ein breiter Weg nach links zur Weißbergerhütte zurück, die wir nach 30 Minuten erreichen.

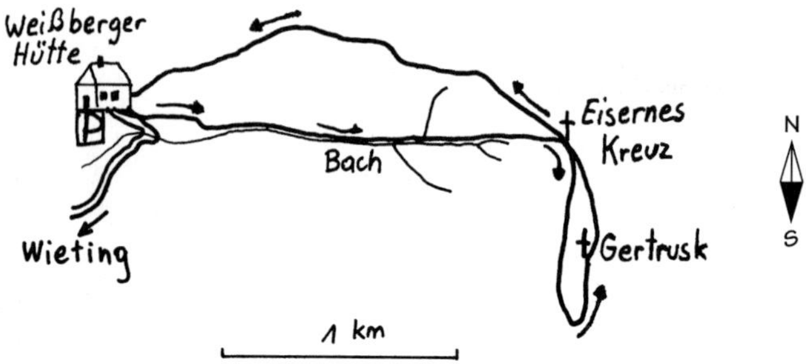

50 KORALPE *Gehzeit:* 3 Std./

Zu den „Zauberkugeln" der Radarstation

Alter: ab 6 Jahre
Ausgangspunkt: Parkplatz Hipflhütte
Busverbindung: Bundesbus Linie 5468
Wegverlauf: Parkplatz Hipflhütte (1627 m) – Koralpenhaus – Radarstation (2140 m) – Relaisstation – Parkplatz Hipflhütte
Stützpunkt: Gasthof Hipflhütte, Koralpenhaus
Was allen Spaß macht: Radarstation
Relaisstation
schöne Steine
wunderbare Aussicht
Karten: Freytag & Berndt WK Nr. 237, 1:50 000

Die Koralpe, der östlichste Bergrücken Kärntens und die Grenze zur Steiermark, ist als Schigebiet gut erschlossen. Das Landschaftsbild ist ähnlich dem der Saualpe, doch durch die Liftanlagen und Schutzzäune gegen Schneeverwehungen etwas beeinträchtigt. Die Wanderung zur Radarstation „Goldhaube" ist jedoch interessant für Kinder und der Ausblick bis weit in die Steiermark hinein sehr schön.

Wegverlauf

Ausgangspunkt unserer Wanderung ist der Parkplatz bei der Hipflhütte. Von hier an führt eine asphaltierte Straße in weiten Serpentinen bis zur Radarstation. Wir gehen jedoch rechts einen Steig entlang der Lifttrasse, welcher die Straße mehrmals kreuzt. Wir befinden uns bereits oberhalb der Waldgrenze und wandern über weiche Almmatten bis zum Koralpenhaus. Kurz bevor wir das Schutzhaus erreichen, liegen rechts Felsblöcke, die zum Klettern einladen. Im Hintergrund tauchen bereits die weißen Kugeln der Radarstation auf, die von weiten Teilen Kärntens aus zu sehen sind. Wir folgen dem Weg Nr. 595, rot-weiß-rot markiert, und gehen über die mit großen und kleinen Steinen übersäte Alm zur Radarstation. Gleich dahinter erreichen wir die höchste Erhebung der Koralpe, den Großen Speikkogel (2140 m), und tragen uns beim Gipfelkreuz in das Gipfelbuch ein. Als Rückweg wählen wir den Weg Nr. 505 Richtung Relaisstation. Wir umrunden den Talkessel, das Erlenloch, und gehen entlang den Schipisten (zwischen der Piste drei

[rot] rechts und der Piste vier [schwarz] links) nach unten. Der Weg ist hier durch Hügel und Rillen sehr uneben, bitte Vorsicht! Am besten geht man entlang der Schneezäune. Sobald wir die Liftanlagen erreichen, können wir auch entlang der Lifttrasse gehen, hier ist der Boden glatter. Es ist ratsam, mit kleineren Kindern den gleichen Weg zurückzugehen, den man gekommen ist. Wir erreichen schließlich bei der Talstation der Schlepplifte die Straße und unseren Ausgangspunkt.

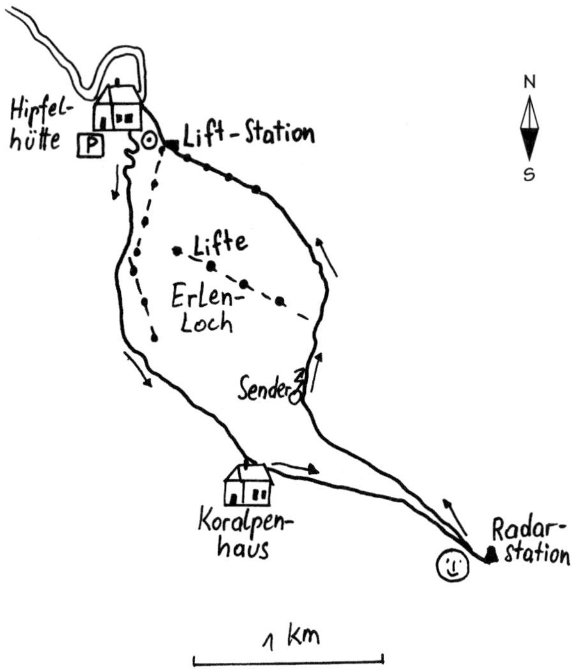